ADMINISTRAÇÃO RESUMIDA

R. R. OLIVER

ASIN: B084JC6MC1
ASIN: B084DJ4S37
ISBN: 9798610639024

Ilustrações: Pixabay, Unsplash, Pexels.
Confecção da Capa: Graphic Design, Canva Pty Ltd

Impresso nos Estados Unidos da América

Contato: rroliverlivros@gmail.com

SUMÁRIO

1. TEORIAS ADMINISTRATIVAS

Para que compreenda esse início de material, vamos esquematizar o que é uma **Teoria, Escola e Abordagem**. [i]

Teoria: Está relacionada a uma só pessoa, por exemplo, Frederick W. Taylor onde ele explica o que ele entende que seja correto para a solução de determinado problema;

Escola: Várias pessoas: Taylor + Ford – teóricos desenvolvendo seus estudos a partir de um mesmo ponto de partida, mantendo pontos em comum

Abordagem:

- É um somatório de **escolas**;
- Pode ser considerada (por alguns teóricos) um somatório de Teorias;

> Exemplo: Abordagem Clássica, que engloba a teoria da administração científica e a teoria clássica. Em sua essência, uma abordagem se diferencia de outras devido a diferentes ideologias, metodologias, e seus períodos históricos. Cada doutrinador pode lecionar pequenas variações no detalhe e época de cada abordagem.

Como pode ver, a parte da abordagem pode causar confusão, pois alguns livros divergem nas descrições do que é uma abordagem. Outros tratam teoria e escola como sinônimos.

CONCEITOS IMPORTANTES

Eficácia: consiste em fazer a coisa certa, não necessariamente da maneira certa. É o grau de atingimento do objetivo.

Aqui o foco está nos fins.

Pontos chaves:

- Cumprir a Missão;
- Atingir metas;
- Finalidade;
- Objetivo.

Eficiência: maneira pela qual fazemos a coisa, o caminho, o método. Está relacionada à economia dos meios, menor gasto de energia, o melhor meio de alcançar o objetivo.

Pontos chaves:

- Ênfase nos recursos destinados → Resultados obtidos;
- Racionalismo;
- Uso econômico.

Efetividade: é obtida pela soma da eficiência e eficácia, ressaltando o impacto do resultado almejado, podendo ser entendida como a satisfação plena.

> Teoricamente, para se alcançar a **efetividade** é preciso alcançar a eficiência e eficácia ao mesmo tempo.

Pontos chaves:

- Valor percebido;
- Satisfação;
- Qualidade.

A efetividade implica juízo de valor – de impacto para o destinatário.

Exemplo: não será suficiente construir uma nova loja de maneira eficiente e eficaz; será preciso que haja efetividade, gerando satisfação, valor positivo e que gere um impacto positivo a todos.

SISTEMAS ABERTOS E FECHADOS

Esses conceitos precisam ser compreendidos para que o estudo da evolução das teorias seja mais fácil.

O pensamento mecanicista foi adotado nos primórdios da administração, pois se pensava que todas as organizações eram mecânicas.

Saiba que atualmente tem-se que uma organização pode ser mecânica ou orgânica.

1.1. EVOLUÇÃO DAS TEORIAS ADMINISTRATIVAS

As teorias administrativas estão ligadas a uma forma de administrar.

INFLUENCIADORES

Seus principais influenciadores foram[ii]:

- ✓ Filósofos: Quando começam a falar de República, formas de governo;
- ✓ Igreja católica Endeusamento do Rei;
- ✓ Organização Militar: Planejamento estratégico (através dos generais) no topo da hierarquia;
- ✓ Ciências: Teorias (não só administrativas, mas de outras áreas, por exemplo, com Ludwing Von Bertalanffy fazendo comparação com a biologia);
- ✓ Pioneiros e empreendedores: Métodos que deram certo;

Além desses, não podemos esquecer que a Revolução Industrial e os economistas liberais também foram grandes influenciadores das Teorias Administrativas.

1.2.   TEORIAS AO LONGO DOS ANOS

Datas em que cada teoria ocorreu:
- Administração Científica → 1903
- Teoria da Burocrática → 1909
- Teoria Clássica → 1916
- Teoria das Relações Humanas → 1932
- Teoria Estruturalista → 1947
- Teoria dos Sistemas → 1951
- Abordagem Sociotécnica → 1953
- Teoria Neoclássica → 1954
- Teoria Comportamental → 1957
- Desenvolvimento Organizacional → 1962
- Teoria da Contingência → 1972
- Novas Abordagens → 1990

Todas essas teorias possuem relação econômica, social, política e administrativa.

1.3. DIFERENÇA ENTRE ABORDAGEM PRESCRITIVA E DESCRITIVA

Quais são as diferenças entre as abordagens administrativas prescritivas e descritivas? Quais são alguns exemplos?

Primeiro, tenha em mente que as abordagens **prescritivas** também são chamadas de **normativas**, já as abordagens **descritivas** também são chamadas de **explicativas**.

1) Abordagem prescritiva e normativa

Segundo essa teoria (**não é utilizada atualmente**), o administrador, para ser bem-sucedido, precisa seguir uma série de princípios normativos. É uma abordagem que propõe soluções não flexíveis para os problemas da organização. Isso significa que o administrador não tem tanta discricionariedade ao administrar a organização, pois essa **teoria explica "como fazer"**. Impõe como a empresa deve funcionar, em vez de explicar o seu funcionamento. Como exemplo, temos as Teorias Clássicas, Teorias das Relações Humanas e Neoclássica.

- **Abordagem prescritiva/normativa**: o que uma organização deve fazer para ser bem-sucedida, prescrições, para o sucesso, princípios gerais de administração (cabíveis a toda e qualquer organização).

1) Abordagem descritiva e explicativa

Essa é a abordagem contemporânea, cuja linha de raciocínio baseia-se em **explicar "como é a organização"**, para que o gestor tome sua própria decisão, levando em consideração os diversos fatores contingenciais à sua volta. Pensar assim é mais razoável, pois tudo se altera rapidamente no mundo globalizado em que nos encontramos. Como exemplo, temo Teoria Burocrática, Teoria Estruturalista, Teoria Comportamental, Teoria Sistêmica e Teoria Contingencial.

- **Abordagem descritiva/explicativa**: o que é uma organização, suas características, componentes, funcionamento.

> Os primeiros estudos e teorias administrativas tinham ênfase na prescrição; ou seja, enfatizavam o que deveria ser feito.

1.4.   ABORDAGENS CLÁSSICAS

Essas abordagens são vistas como ultrapassadas, entretanto, foram de extrema importância para o estudo da matéria. Além disso, diversas teorias neoclássicas estão alicerçadas em princípios elementares dessas primeiras teorias.

Dentre os principais teóricos das abordagens clássicas, temos: Frederick Taylor; Jules Henri Fayol e Henry Ford.

CARACTERÍSTICAS

1) Organização formal

A empresa está ligada a definições, ignorando o fator social e seu informalismo rotineiro.

2) Visão mecanicista

A visão mecanicista está intrinsecamente ligada ao ambiente interno. Nessa época, ambas as teorias pregavam a produção em massa. **O homem era comparado a uma máquina**, ou seja, era visto como uma engrenagem, como um pedaço da fábrica.

Pontos chaves:

- Sistema fechado;
- Ênfase na hierarquia;
- Possui previsibilidade.

3) Homem Econômico

"Homo economicus" significa dizer que sua motivação está ligada ao dinheiro.

> O homem econômico é visto como um indivíduo limitado e mesquinho, preguiçoso e culpado pela vadiagem e desperdício das empresas e que deveria ser controlado por meio do trabalho racionalizado e do tempo padrão. Sua única motivação para o trabalho são as recompensas financeiras.

Essa foi a primeira aparição dos aspectos da motivação, posteriormente, teóricos chegaram à conclusão de que **o dinheiro não motiva** os funcionários, mas **apenas evita a desmotivação**. Exemplo: uma vez que consegue o tão sonhado aumento de salário, você simplesmente se acostumará com o valor a ponto de enxergá-lo como mero fruto de seu esforço e não estará mais motivado por estar recebendo tal quantia, mas estará motivado por fatores que envolvam, por exemplo, socialização, autoestima, autorrealização.

4) Sistema Fechado

A empresa se fechava na execução de seus processos internos.

> Atualmente as organizações são vistas como sistemas abertos. Sendo assim, são complexas e em constante interação com as partes que formam um todo e com o ambiente externo.

5) Abordagem Prescritiva/Normativa

Conforme explicado anteriormente, o administrador, no que tange a sua tomada de decisão, não tem escolha diferente das prescritas pela teoria.

6) Incentivos Materiais/Salariais

Os incentivos eram basicamente de cunho material: dinheiro e bens.

7) Ser humano egoísta, racional e material

O trabalhador era visto claramente como egoísta, racional e material.

Vale mencionar que existem pontos diferentes nas teorias de Frederick Winslow Taylor e Jules Henri Fayol. Esse com o foco na estrutura da empresa, aquele com o foco nas tarefas.

Perceba que essas são teorias empíricas, as quais foram criadas no momento da gestão da organização. Os teóricos subsequentes utilizaram-nas para reformular hipóteses, e criar as teorias modernas, que são mais abrangentes e flexíveis para se adequar, então, à realidade das organizações contemporâneas.

1.4.1. TEORIA CLÁSSICA DE TAYLOR

Administração Científica de Taylor:

- Visão de baixo para cima (Down/Top);
- Empirismo (ele não tinha uma base científica);
- Ênfase nas tarefas (execução das atividades de cada operário);

Não confundir com a Teoria Clássica de Fayol, a qual tinha uma visão de cima para baixo (Top/Down), e ênfase na estrutura.

Ambas com foco na Eficiência, mas com ênfase diferente:

Dentre as características da Abordagem de Frederick Taylor (Teoria Científica), temos o foco nas:

- ✓ Tarefas práticas, chão de fábrica, tarefas operacionais; produção; atividade fim.

Princípios de Taylor:

- Princípio do Planejamento (em detrimento do empírico);
- Princípio do Preparo (escolha do funcionário que melhor produz na função escolhida);
- Princípio do Controle (divisão clara de quem faz o quê);
- Princípio da Execução.

A importante obra de Frederick Taylor foi a Bases da Teoria Científica, em 1911.

Mantém a ênfase nas tarefas (Down/UP)

- ➢ 1º Período
  - ◦ Racionalização do Trabalho
    - ■ Técnica, metodologia, padronização
- ➢ 2º Período
  - ◦ Estudo do tempo
    - ■ O ser humano tende a ociosidade

> Para Taylor, a eficiência é obtida com base nas tarefas, que estão na base da organização. Logo, Taylor ficou conhecido como o "administrador do chão de fábrica". Nesse sentido, Taylor apresenta uma visão organizacional que se estrutura de baixo para cima.

1.4.2. TEORIA CLÁSSICA (HENRI FAYOL)

Sustenta o conceito de administração moderna que conhecemos atualmente, apesar de estar ultrapassada em diversos pontos.

É uma abordagem Prescritiva/Normativa.

> Fayol desenvolveu seus estudos na França em 1916 e a sua ênfase era na estrutura organizacional. Com isso, gera-se base para que sejam construídos os organogramas. Desse modo, pode-se dizer que Fayol apresentava uma visão organizacional que se estruturava de cima para baixo.

A organização fornecia aos trabalhadores incentivos meramente materiais, já que o homem era visto como homo economicus (movido pelo dinheiro). Atualmente, não que o dinheiro não tenha importância, mas o dinheiro (assim como as compensações materiais) é entendido como fator não motivacional, ou seja, é um fator que apenas previne a insatisfação.

O teórico francês Henri Fayol foi o criador da obra:

- ✓ Administração Geral e Industrial (1916) – Apenas uma referência.
- ✓ Essa obra dava ênfase na estrutura (analisa os níveis diretivos)
- ✓ Up/Down (vai do topo da pirâmide para baixo): Apesar de a Administração, na época, ainda ter sido conceituada como uma ciência, Fayol já imaginada o "topo" como fundamental para compreender a organização, diferentemente de Taylor, o qual focou na linha de produção.

Fayol teorizava que uma organização devia ter no mínimo 6 áreas essenciais (departamentos, funções organizacionais). Sendo a área administrativa a mais importante hierarquicamente:

- Administrativa (quem administra não executa);
- Técnica (manuais, procedimentos);
- Comercial (diálogo com o cliente);
- Contábil;
- De Segurança (não é segurança pública, é estrutural – maquinário, edificação, estrutura física);
- Financeira.

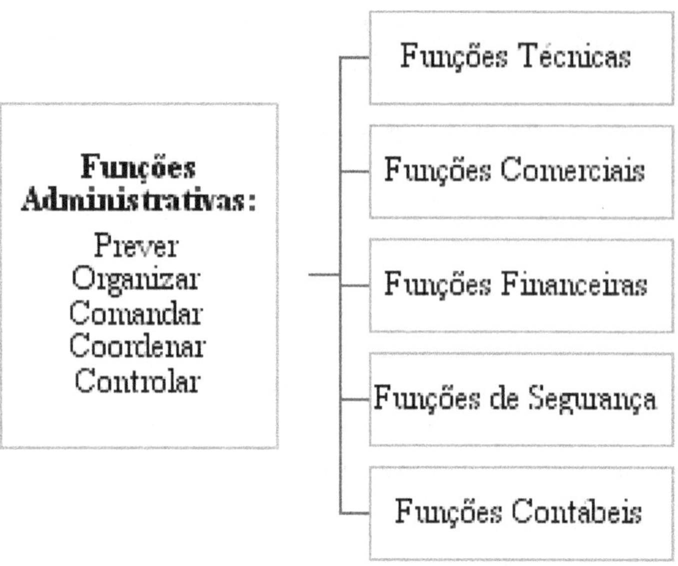

As Funções Administrativas estão em um nível acima de importância.

A partir dessa teoria, nasceram os primeiros cursos de Administração e as pessoas que se declararam administradoras.

O administrador tinha a função de dedicação exclusiva:

✓ PO3C (nessa exata ordem)

- Prever
- Organizar
- Comandar
- Coordenar
- Controlar

Fayol não fez a divisão do nível operacional, tático e estratégico. Todos os integrantes da organização, em geral, executavam atividades dos 3 níveis. Será teorizado a partir de **teorias neoclássicas**.

14 PRINCÍPIOS GERAIS DE ADMINISTRAÇÃO PARA FAYOL

Não confundir com os 14 princípios de Deming, que são assuntos diferentes.

Decorá-los é uma obrigação, pois as bancas têm cobrado muito.

1) Divisão do trabalho;

A divisão do trabalho estará ligada sempre a uma especialização das funções.

2) Autoridade e responsabilidade;

Autoridade é o direito que os superiores têm de dar ordens, já a responsabilidade está ligada aos cargos e suas diferentes atribuições e atividades.

3) Disciplina;

Na hierarquia proposta por Fayol, essa disciplina era direcionada aos subordinados.

Os funcionários devem obedecer, mas isso é bilateral: os funcionários só obedecem às ordens se a gerência desempenhar seu papel, fornecendo boa liderança.

4) Unidade de comando (não existiram vários chefes, mas apenas um – ou seja, não haverá múltipla subordinação);

- Não é um por departamento, mas sim 1 por organização
- De quem executa e de quem é responsável por comandar uma atividade que tem começo, meio e fim.

Não confundir unidade de comando com unidade de direção.

Na unidade de Comando temos um só chefe hierárquico.

Cada trabalhador deve ter apenas um chefe sem outras linhas de comando conflitantes.

5) Unidade de direção;

- Não é um por departamento, mas sim 1 por organização
- Quem dirige a organização
- Não existe decisões colegiadas, coletivas

> Repete o mesmo conceito de um chefe hierárquico, mais um só programa. O chefe está ligado a uma especialização.

Em uma questão de prova utilize essas palavras chaves "apenas um chefe" + "um único programa/único setor especializado." As bancas podem considerar como sinônimos a unidade de comando e direção. Além disso existem provas mal elaboradas, tente ponderar: se a questão especificar a existência de apenas "um chefe", não der mais detalhes, e nas alternativas houver tanto unidade de comando, como unidade de direção, a resposta será unidade de comando.

> Pessoas envolvidas no mesmo tipo de atividades devem ter os mesmos objetivos em um único plano. Isso é essencial para garantir unidade e coordenação na empresa. A unidade de comando não existe sem a unidade de direção, mas não necessariamente flui dela.

6) Subordinação dos interesses individuais aos interesses gerais;

Atualmente os objetivos organizacionais devem ser os mesmos dos interesses individuais. Objetivos em comum: crescer. O crescimento organizacional proporciona o crescimento de seus colaboradores.

Teoricamente falando, isso não acontecia na época, onde os interesses individuais vinham primeiro. Pode-se dizer que era um conflito perde-perde. A empresa não se preocupava com crescimento e satisfação de seus funcionários (eram vistos como máquinas), e os funcionários visavam apenas os incentivos financeiros (dinheiro).

7) Remuneração do pessoal;

Princípio de que toda a atividade dentro da organização deve ser remunerada.

8) Centralização;

As decisões eram tomadas no topo da hierarquia. Por exemplo, o chefe de alto nível decidia até a marca e qualidade do papel higiênico a ser utilizado no banheiro do departamento X.

9) Cadeia escalar;

Também pode ser chamada de cadeia administrativa. Uma cadeia de controle que vai do topo da empresa até a base (chão de fábrica).

- ✓ Baseado nas relações hierárquicas (chefias)
- ✓ Passo a passo sem alterar o chefe a quem é subordinado
- ✓ Top/Down

> Exemplo: Você não pode passar uma informação para o gerente geral, acima da hie-

rarquia a qual era para ter passado.

10) Ordem;

Sem mistérios, visa a organização da empresa.

A ordem material e a ordem social são necessárias. A primeira minimiza o tempo perdido e o manuseio inútil de materiais. A última é alcançada através da organização e seleção.

11) Equidade;

Essa equidade está se referindo a igualdade de tratamento entre todos os membros da empresa.

Na administração de uma empresa, é necessária uma 'combinação de bondade e justiça'. Tratar bem os funcionários é importante para alcançar a equidade.

12) Estabilidade do pessoal (sem turnover, sem rotatividade de funcionários);
- Não é elemento de bem-estar
- É meramente administrativa

Visava a baixa rotatividade dos funcionários, pois exigia-se bastante tempo para o efetivo treinamento. Além disso, os funcionários mais antigos eram vistos como os mais produtivos para a empresa.

13) Iniciativa (disposição para cumprir com as ordens e determinação em busca da máxima eficiência);

Intrinsecamente ligado ao espírito de equipe.

14) Espírito de equipe.

Os funcionários deveriam ajudar uns aos outros. Por exemplo, os treinamentos eram feitos no chão de fábrica, na prática do dia a dia, e pelos próprios operários mais experientes.

Novamente, para não misturar os conceitos dos diferentes teóricos:
- Taylor se preocupava com o nível operacional (tarefas, chão de fábrica, "Down");
- Fayol se preocupava com o nível estratégico (topo, "Up").

Por esse motivo dizemos que Taylor é **Down/Up** e que Fayol é **Up/Down**. Esses simples jogos de palavras já foram invertidos e cobrados diversas vezes em provas de concursos públicos. Portanto, tenha em mente que Fayol e Taylor são considerados os Pais dos Princípios Clássicos, e as teorias de ambos não são as mesmas.

Fayol criou o conceito de Linha e Staff

Órgãos de Linha: são responsáveis pelo alcance dos objetivos básicos da organização, possuindo **autoridade** pela posição ocupada na estrutura organizacional.

Órgãos de Staff: são órgãos de assessoria, e ligam-se indiretamente aos objetivos básicos da organização através dos setores de linha e sua autoridade é **apenas funcional**. Os órgãos de staff não possuem autoridade de cargo conferido pela estrutura organizacional.

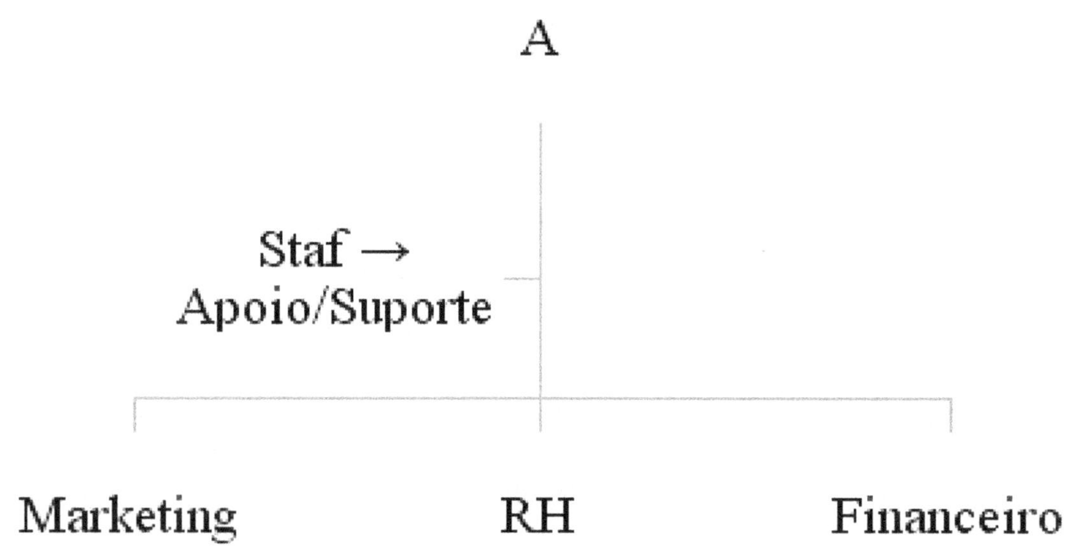

A hierarquia é um dos pontos mais importantes da teoria de Fayol. Esse conceito também pode ser encontrado em provas como princípio escalar ou cadeia de comando.

- É decorrência da divisão vertical do trabalho;
- É desdobramento da função de comando;
- Em toda organização formal existe uma hierarquia que divide a organização em camadas ou níveis de autoridade;
- Na medida em que se sobe na escala hierárquica, aumenta o volume de autoridade do administrador.

1.4.3.   TEORIA CLÁSSICA DE HENRY FORD

Escolha da imagem em homenagem ao teórico Henry Ford, o qual, no auge de seus negócios (e teorias para obtenção de eficiência), teve que se adaptar à Segunda Guerra Mundial que acontecia em paralelo. Sendo assim, passou a fabricar tanques de guerra.[iii]

Pontos chaves de seus pensamentos:

- Homem Certo + Melhor Técnica = Melhores Remunerações.
- Homem econômico (não se importando com aspectos sociais).
- Não abre margem para o empírico.
- Ford foi quem implementou a teoria de Taylor em sua fábrica.
- Apesar de teorias contemporâneas, a teoria de Taylor ainda influencia, e muito, as organizações atuais.

Não confundir os pensamentos de Taylor com os de Ford:

- Taylor: Princípio do planejamento, preparo, controle, execução;
- Ford: Princípio de intensificação, economicidade, produtividade (economia em escala).

Divisão do Trabalho

➢ Horizontal

  ◦ Tarefas

➢ Vertical

  ◦ Teoria/Prática
  ◦ Impede que o funcionário opine sobre o trabalho
  ◦ Papéis pré-estabelecidos

1.5. TEORIA DA BUROCRACIA

Essa teoria teve início no século XX a partir da obra (Economia e Sociedade, 1920) do sociólogo alemão Max Weber.

> Surge em reação à crueldade, o nepotismo e os julgamentos tendenciosos e parcialistas inerentes às práticas administrativas na Revolução Industrial. A burocracia é monocrática e sustentada na propriedade privada.

Principais características:

- Ênfase na Estrutura
- Ambiente Interno
- Abordagem que explica (e não prescreve)
- Homem Organizacional
- Aspectos Formais

> **Homem organizacional:** é o conceito estruturalista do homem moderno, que desempenha diferentes papéis simultâneos em várias organizações diferentes.

Possui uma abordagem que Explica e Descreve:

- Internalização das regras e apego aos regulamentos: falta de flexibilidade;
- Formalidade demasiada;
- Resistência às mudanças: acomodação;
- Despersonalização do relacionamento;
- Categorização como base do processo decisório: quem toma a decisão é quem possui o cargo competente, independente do conhecimento necessário no assunto;
- Super conformidade às rotinas e aos procedimentos: regras absolutas, independentes dos resultados e consequências. Limitação de criatividade;
- Exibição de sinais de autoridade: uso intenso de símbolos de poder;
- Dificuldade no atendimento a clientes e conflitos com o público: ignora as necessidades do público, todos são atendidos de forma padronizada.

Características pontuais

1. Caráter Legal das Normas/*Regulamentos*/Regras

2. Caráter Formal das Comunicações
   - Organograma → níveis hierárquicos (**verticalização**)
3. Caráter racional e divisão do trabalho
   - Grau de especialização
4. Impessoalidade nas relações humanas
   - Evolução na carreira através do mérito
5. Hierarquia da autoridade
   - Clara, bem definida
   - Cargo
6. Rotinas e procedimentos padronizados
   - Processos → atividades
7. Competência técnica e por mérito
8. Especialização da administração
9. Profissionalismo
10. Completa previsibilidade do comportamento funcional
    - Controle rígido

Tipos de Autoridade (Dominador)

Tradicional (no serviço Público Monarca)
- Aceita ordens dos superiores

Carismático (Líder)
- Não tem papel definido na lei;
- O que existe é o chefe, hierarquia formal;
- Carisma;
- Extraordinário.

Racional/Legal (Descrito por Max Weber)
- Autoridade Burocrática
- Poder Racional Legal
- Racionalidade Absoluta
- Legalidade
- Cargo

Tipos de Tomadas de Decisão

Racionalismo (etapas)
- Identificar o Problema;

- Origem do Problema;
- Solução do Problema (não é a última etapa **Cuidado!**);
- Não recorrência (ações que impeçam que o problema aconteça novamente).

Meritocracia como Método

Escolha/Favorecimento

- Através da comparação e favorecimento por mérito

Relações Verticais

- Formalismo
- Escola de Chefes
- Sistema Fechado

Observações Finais:

A Teoria da Burocracia não nega a Escola Clássica

Tem como principais objetivos a eficiência, a eficácia dos processos organizacionais:

- Atenção: Efetividade **não**!
- Não é premissa Weberiana, pois Max Weber entende a organização como sistema fechado.

Disfunções (defeitos) da Burocracia

- Internalização das regras e apego ao regulamento;
- Excesso de formalismo e papelório;
- Resistência a mudanças;
- Processo decisório;
- Superconformidade às rotinas;
- Dificuldade no atendimento a clientes.

1.6. RELAÇÕES HUMANAS

A Teoria das Relações Humanas surgiu como contraposição às abordagens tradicionais, as quais possuíam um caráter metódico e desumanizante.

Ao pensar em Teorias das Relações Humanas, esses são os principais pontos que devemos ter em mente:

- Trata a organização como grupos humanos;
- Enfatiza as pessoas e grupos sociais;
- Inspirada em sistemas de psicologia;
- Delegação de autoridade;
- Autonomia dos empregados;
- Confiança e abertura;
- Ênfase nas relações entre pessoas;
- Confiança nas pessoas;
- Dinâmica grupal e interpessoal.

No modelo disposto pela teoria das relações humanas não há o homem econômico, mas sim o **homem social**. Este é o homem disposto ao trabalho e que deseja colaborar desde que tenha um ambiente psicológico apropriado. De tal modo, o mais importante não é adaptar o trabalhador ao trabalho, mas sim o trabalho ao trabalhador. Essa é a premissa da Escola das Relações Humanas.

Homem social: é a concepção do ser humano motivado por recompensas e sanções **sociais** e **simbólicas** em contraposição ao *homo economicus* (motivado por recompensas e sanções salariais e materiais).

➤ Pontos chaves:
- Necessidade de transumanar a administração, fazendo o aspecto democrático prevalecer.
- Desenvolvimento dos estudos humanos
- Dinâmica de grupo

Nas Teorias das Relações Humanas a preocupação era com a **comunicação** e motivação das pessoas para o alcance dos objetivos organizacionais. Ainda era **prescritiva e normativa**, até certo ponto parcial: dizia como liderar e motivar as pessoas para alcançar os objetivos organizacionais.

Experiência de Hawthorne

Elton Mayo, Roethlisberger e Dickson fizeram um estudo sobre as organizações do início do século XX que eram basicamente industriais. Essas organizações possuíam suas funções econômicas (produzir bens ou serviços) e sociais (dar satisfação a seus participantes). A função econômica traz o equilíbrio externo, pois visa a atender a uma necessidade do mercado (cliente), já a função social cumpre o objetivo de trazer o equilíbrio interno, ou seja, fazer com que as pessoas sejam mais eficientes uma vez que tenham atendidas as suas necessidades. Dessa forma, consegue-se conciliar as duas necessidades: das organizações e dos indivíduos.

O experimento foi composto por 4 fases:

1ª Fase:

- Mais luz, mais produtividade;
- Fatores mentais.

2ª Fase:

- Grupo experimental (5 moças)
  - Sem supervisão
  - Possível a relação interpessoal
  - A produção foi maior
- Grupo de controle (5 moças)
  - Supervisão rígida
  - Sem possibilidade de relação interpessoal
  - A produção foi menor

3ª Fase:

Programa de entrevistas, cujo objetivo foi conhecer suas atitudes, sentimentos e ouvir suas opiniões sobre a 1ª e 2ª fase.

4ª Fase:

Estudo das relações informal e formal.

Conclusão:

- ✓ Toda organização tem regras e convívio social (relação interpessoal);
- ✓ O nível de produção é resultante da integração social;
- ✓ Comportamento social;
- ✓ Recompensas e sanções sociais;
- ✓ Grupos informais;
- ✓ Relações humanas (convívio social, motivação, liderança, Comunicação);
- ✓ Conteúdo do cargo (executar atividades e tarefas que gostam com ênfase nos aspectos emocionais).

A experiência de Hawthorne marcou o início de uma nova teoria calcada em valores humanísticos, deslocando a preocupação voltada para a tarefa, para a estrutura e para a preocupação com as pessoas.

1.7.   TEORIA NEOCLÁSSICA

Sempre associamos Peter Drucker à Teoria Neoclássica, mas não se esqueça de que ele não é o criador, mas o maior influenciador dessa teoria.

Principais características:
- Ênfase na estrutura;
- Aspectos formais/informais;
- Ambiente interno/externo;
- Abordagem que prescreve;
- Homem administrativo/organizacional;
- Não se vincula a um teórico específico, já que aspectos teóricos contemporâneos foram surgindo sem que ninguém se reivindicasse como o criador da Teoria Neoclássica.

Sobre o Peter Drucker

Não é o criador da Teoria Neoclássica, mas criou a Teoria da Globalização nas Empresas, a qual possui uma Abordagem Sistêmica:
- É a principal influenciadora da Teoria Neoclássica;
- Mais cobrada em prova;
- Vincula-se a Teoria Neoclássica.

Sobre a sua obra, "Globalização nas Empresas":
- Combate o monopólio (parâmetro interno);
- Produto certo;
- Hora certa;
- Público certo;
- Melhores condições.

1.7.1. FUNÇÕES DA ADMINISTRAÇÃO

Para o assunto Administração Geral e Pública que é cobrado em concursos públicos, será necessário prestar atenção se a questão se refere à **atualidade**.

Atualmente as funções são **PODC**:

- Planejamento
- Organização
- Direção
- Controle

Planejamento: tomar decisões antecipatórias acerca do futuro da organização, definindo onde se está e onde se deseja chegar, conceituando os meios e recursos para que se chegue ao objetivo almejado.

Organização: arquiteta a estrutura organizacional necessária para que o trabalho seja realizado e os objetivos definidos no planejamento sejam alcançados.

Direção: motivar pessoas e comunicar os objetivos para que se obtenha o melhor delas em função do desempenho.

Controle: autorregulatória, busca verificar se os objetivos estão sendo alcançados no melhor tempo, com economia de recursos e racionalidade.

Comparação com a Escola Clássica

PO3C (prever, organizar, comandar, coordenar, controlar): Funções do Administrador

Taylor, PPCE (planejamento, preparo, controle, execução): Funções do Administrador

PODC (planejamento, organização, direção, controle): Funções da Administração

> Fique atento: a Escola Clássica se refere às **funções** do administrador; entretanto, atualmente, a Escola Neoclássica se refere às **funções** da Administração.

FUNÇÃO PLANEJAMENTO

Planejamento é o processo administrativo que determina antecipadamente o que um grupo de pessoas deve fazer e quais as metas que devem ser atingidas. O planejamento administrativo significa decidir adiantado o que deve ser feito para alcançar determinado objetivo ou metas.

Ele apresenta algumas características de como estabelecer um processo permanente e contínuo, que se preocupa com a racionalidade de tomada de decisões, sendo voltado para o futuro selecionando entre várias alternativas disponíveis um curso de ação onde é sistêmico e interativo.

Maximiano (2004, p. 105): Planejar é definir objetivos ou resultados a serem alcançados. É definir meios para possibilitar a realização de resultados. É interferir na realidade, para passar de uma situação conhecida a uma situação desejada, dentro de um intervalo definido de tempo. É tomar no presente decisões que afetam o futuro, para reduzir sua incerteza.

Robbins (2005, p. 33), a função de planejamento: Abrange a definição de metas de uma organização, o estabelecimento de uma estratégia global para alcançar essas metas e o desenvolvimento de uma hierarquia completa de planos para integrar e coordenar atividades.

Para Daft (2010), planejamento é "o ato de determinar as metas da organização e os meios para alcançá-las.".

1.7.2. PREMISSAS NEOCLÁSSICAS

CARACTERÍSTICAS BÁSICAS

Não ignoram completamente a influência dos primeiros teóricos

- ➤ Ênfase na Prática Administrativa
- ➤ Reafirmação dos aspectos sociais
- ➤ Ênfase nos princípios gerais da Administração
- ➤ Reafirmação dos Postulados Clássicos (não renegam os Clássicos)
- ➤ Ênfase nos objetivos e resultados
    - ◦ Controle posteriori
- ➤ Ênfase nos Princípios Gerais da Administração (não renegar os Clássicos)
- ➤ Ecletismo nos Conceitos (Importante Inovação. Agregar novos conceitos)
- ➤ Ênfase na departamentalização
    - ◦ A estrutura se adequa a política

- ➤ Princípios Básicos da Organização
    - ◦ Divisão do trabalho
    - ◦ Especialização
    - ◦ Hierarquia
    - ◦ Amplitude administrativa → Princípio da Unidade de Comando
    - ◦ Centralização/Descentralização

1.7.3. ADMINISTRAÇÃO POR OBJETIVOS

A Administração por Objetivos (APO) ou Administração por Resultados constitui o modelo administrativo identificado com o espírito pragmático e democrático da Teoria Neoclássica. Seu aparecimento ocorreu em 1954, quando Peter F. Drucker publicou um livro sobre Administração por Objetivos, sendo considerado o Pai da APO.

> O termo Administração por Objetivos foi introduzido popularmente por Peter Drucker em 1954 em seu livro The Practice of Management.

A APO é um processo pelo qual gerentes e subordinados identificam objetivos comuns, definem as áreas de responsabilidade de cada um em termos de resultados esperados e utilizam esses objetivos como guias para sua atividade.

Embora tenha um passado autocrático, a APO funciona hoje com uma abordagem amigável, democrática e participativa. Ela serve de base para os novos esquemas de avaliação do desempenho humano, remuneração flexível e, sobretudo, para a compatibilização entre os objetivos organizacionais e os objetivos individuais das pessoas.

A APO apresenta as seguintes características:

- ✓ Estabelecimento conjunto de objetivos entre o gerente e seu superior.
- ✓ Estabelecimento de objetivos para cada departamento ou posição.
- ✓ Interligação entre os vários objetivos departamentais.
- ✓ Ênfase na mensuração e no controle de resultados.
- ✓ Contínua avaliação, revisão e reciclagem dos planos.
- ✓ Participação atuante das gerências e dos subordinados.
- ✓ Apoio intensivo do staff.

Fixação de Objetivos:

A APO é um modelo de administração por meio do qual as gerências de uma organização estabelecem metas para suas administrações, no início de cada período, de preferência coincidindo com o exercício fiscal da empresa, em consonância com as metas gerais da organização, fixadas pelos acionistas, por meio de uma diretoria.

Dessa forma, podemos dizer que a APO relaciona os objetivos organizacionais com o desempenho e o desenvolvimento individual. Para isso, as organizações estabelecem objetivos organizacionais, desenvolvem um plano de ação para atingi-los e realiza revisões e avaliações periódicas para confirmar ou alterar as ações que visam a esses objetivos. Essa Administração enfatiza os resultados, e, por isso, é fundamental a participação dos colaboradores nesse processo.

A importância dos objetivos pode ser avaliada pelos seguintes aspectos:

- Os objetivos proporcionam uma diretriz ou uma finalidade comum.
- Permitem o trabalho em equipe e eliminam as tendências egocêntricas de gru-

pos existentes
na organização.

- Servem de base para avaliar planos e evitam erros devido à omissão.

- Melhoram as possibilidades de previsão do futuro. A organização deve dirigir o seu destino, em vez de submeter-se às fatalidades ou ao acaso.

- Quando os recursos são escassos, os objetivos ajudam a orientar e prever a sua distribuição
criteriosa.

1.8. TEORIA ESTRUTURALISTA

A Teoria Estruturalista é uma **evolução da Teoria Burocrática**. Essa dica é importante. As bancas cobram pouco essa teoria, e quando cobra a maioria erra. Seja porque se confundiram com a Teoria Burocrática, seja porque não a conheciam. Vamos aos detalhes e diferenças.

Na Teoria Burocrática, a visão era de um ambiente fechado, com o foco apenas na organização formal, de maneira descritiva/explicativa.

Mas, nessa Teoria Estruturalista, a visão é de um sistema aberto (voltando-se ao ambiente interno e externo), com ênfase nos aspectos formais e informais, com foco nas soluções práticas da Administração, as quais não foram solucionadas pela teoria Burocrática.

Para que entenda melhor, perceba essas duas teorias estão classificadas na mesma abordagem, ou seja, fazem parte da Abordagem Estruturalista.

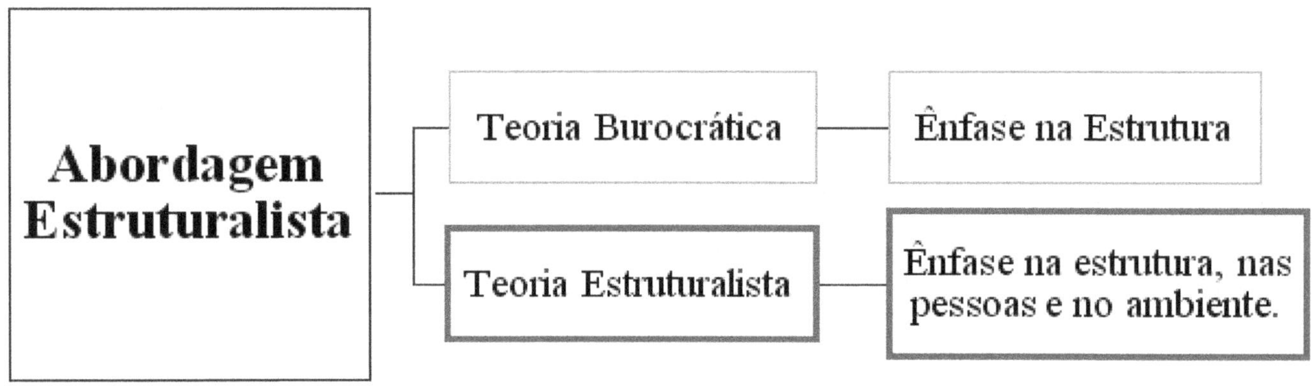

Origem

- Grande e complexa unidade social (Grupos Sociais);
- Influência do **estruturalismo** nas ciências sociais (Sociologia – A teoria comportamental é ligada a Psicologia);
- O estruturalismo está voltado para o todo e para o relacionamento das partes na constituição do todo.

Pontos chaves:

- O objetivo principal fundamenta-se na estrutura interna e na interação com outras organizações que são as unidades sociais;

- Ênfase na estrutura;
- Ambiente interno/externo;
- Aspectos formais/informais;
- Abordagem descritiva e explicativa;
- Homem organizacional (comportamento ligado às funções).

1.9.   TEORIA COMPORTAMENTAL

- ➢ Teoria comportamental (por Simon)
  - ✓ Também chamada de: Behaviorista → Psicologia
  - ✓ Homem Administrativo
  - ✓ Influência das ciências do comportamento

- ➢ Novas soluções democráticas, humanas e flexíveis
  - ✓ Problemas organizacionais
- ➢ Teoria comportamental
  - ✓ Comportamento individual → Objetivo organizacional
- ➢ *Motivação Humana*
  - ✓ Autores behavioristas
  - ✓ Comportamento Humano
  - ✓ Necessidade Humana
  - ✓ Maslow desenvolveu uma teoria baseada nas necessidades humanas
- ➢ *Comportamento organizacional*
  - ✓ Como os grupos e os indivíduos se comportam dentro das organizações.

- ➢ Ênfase nas pessoas
- ➢ Ambiente interno/externo
- ➢ Aspectos formais/informais
- ➢ Recompensa material e social
- ➢ Abordagem descritiva e explicativa

- ➢ Homem Administrativo
  - ✓ Procura a "maneira satisfatória" e <u>não</u> a melhor maneira de fazer um trabalho

> **Homem administrativo:** o homem administrativo procura a "maneira satisfatória", e não a melhor maneira de fazer um trabalho. O comportamento administrativo é satisfaciente, pois o homem administrativo toma decisões sem poder procurar todas as alternativas possíveis.

- ➢ Ligue Teoria Comportamental a Cultura Organizacional
  - ✓ Normas e regras que vão estabelecer um determinado comportamento;
    - · Altera o CLIMA

✓ A organização é influenciada pelo ambiente externo
- Pode haver fatores que interfiram de forma que seja necessário alterar o planejado
- Pode modificar até a cultura

✓ Desenvolvimento Organizacional:
- Ligado a uma mudança planejada

✓ Clima
- Positivo → motivação → satisfação
- Negativo → desmotivação → Insatisfação

- Gera Conflito Organizacional
  - ✓ Pessoas em circunstâncias opostas

1.9.1. DESENVOLVIMENTO ORGANIZACIONAL

O foco principal do Desenvolvimento Organizacional está em mudar as pessoas, bem como a natureza e a qualidade de suas relações de trabalho. Foco na qualidade de vida.

➢ Sua ênfase está na mudança da cultura.

➢ Dica:

✓ Requer **Longo Prazo** para implementação e desenvolvimento

✓ Ênfase no trabalho em equipe

✓ Cultura organizacional

· Sujeita a diversas adaptações

✓ *Empowerment* (poderes para grupos e equipes)

Características

1. Organização como um todo
2. Orientação sistêmica → ligada ao Globalismo/totalismo
3. Agente de mudança
4. Solução de problemas
5. Aprendizagem experiencial
6. Retroação → retorno da informação
7. Orientação contingencial
8. Equipes
9. Enfoque interativo

1.10. TEORIA GERAL DOS SISTEMAS (LUDWIG VON BERTALANFFY)

Essa teoria faz parte da Abordagem Sistêmica da administração. É um tópico muito cobrado em concursos públicos, portanto, caro concurseiro, preste atenção.

Seleção da imagem inspirada na teoria do biólogo Ludwing Von Bertalanffy, o qual através de sua teoria constatou que a administração (assim como na biologia) é um **sistema**, que, por sua vez, é um conjunto de elementos interdependentes e interagentes que formam um todo organizado. [iv]

Pressupostos Básicos:

- Tendência para a integração das ciências naturais ou sociais;
- Sistema é um conjunto de elementos interdependentes e interagentes que formam um todo organizado;
- Ênfase no ambiente (externo);
- Ambiente interno e externo;
- Aspectos formais e informais;
- Abordagem descritiva e explicativa;
- Homem Funcional (homem que está dentro de um Sistema aberto – Inter-relação dentro das diversas funções).

> **Homem funcional:** é o conceito do ser humano para a teoria de sistemas: o indivíduo comporta-se em um papel dentro das organizações. As organizações são sistemas de papéis desempenhados pelas pessoas.

➢ Dicas:
   ❖ Holismo → todo (Globalismo) → totalismo
   ❖ Sistema, subsistemas e suprassistemas
   ❖ Caixa Preta → quem está fora do sistema não consegue enxergar o processo interno
   ❖ Organismos como parte de um todo
   ❖ Interdependência das partes

Os parâmetros dos sistemas são de acordo com Chiavenato (2003) e Moraes (2004):

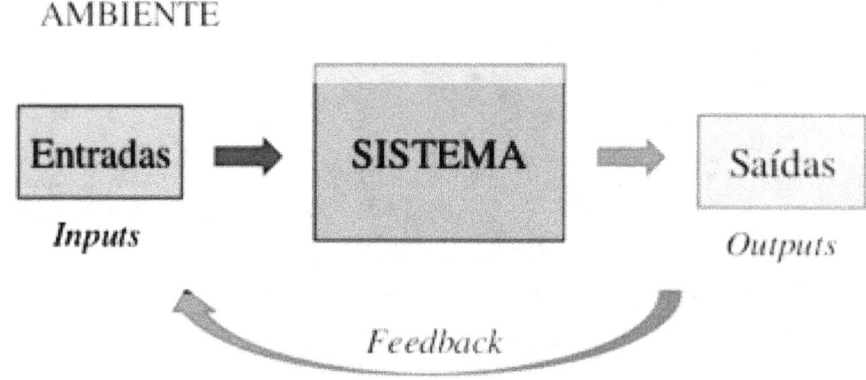

Bases
   • Organização vive em estado de homeostasia (dependência) do ambiente externo
   • Sistema aberto

Conceitos Básicos nos quais o Ludwig se apoiou ao criar a Teoria Geral dos Sistemas:
   • Entropia (deterioração)
   • Sintropia (forças contrárias)
   • Homeostase (equilíbrio)
   • Heterostase (equilíbrio na adversidade)

Pressupostos da Teoria
   • Integração entre ciências naturais e sociais
   • Teoria dos sistemas
   • Unidade da ciência
   • Integração científica

Conceitos da Teoria Geral dos Sistemas

- Trabalhar com Propósito / Objetivo
- Globalismo / Totalidade

CARACTERÍSTICAS

1. Importação: Entrada;

2. Transformação: Processo;

3. Exportação: Saída;

4. Ciclo de eventos: Entrada, processamento, saída, feedback;

5. Entropia Negativa (aspecto positivo): Organização dos sistemas → vivo – lembre-se que entropia é igual ao "Grau de desorganização/deterioração";

> **Negentropia** = **Entropia Negativa** → algo bom, algo que não se deteriora! Se aparecer a palavra Entropia (sozinha) considere como algo ruim para a organização.

6. Retroação Negativa: Retorno da informação negativa;

7. Homeostase Dinâmica: Equilíbrio → Ausência de Equilíbrio gera desorganização;

8. Diferenciação: Multiplicação Interna, Diferenciação Interna, Funções Especializadas;

9. Equifinalidade: Vários caminhos para o mesmo resultado final;

10. Limites ou fronteiras: Barreiras entre o sistema e o ambiente;

11. Morfogênese: Capacidade de modificar a si própria e sua estrutura básica: Pode ser uma mudança positiva ou negativa → para mais ou para menos;

12. Resiliência: Capacidade de superar o distúrbio imposto por um fenômeno externo;

13. Comportamento probabilístico: *E não determinístico;*

O QUE É EQUIFINALIDADE?

Os sistemas abertos são caracterizados pelo princípio da equifinalidade: um sistema pode alcançar, por uma variedade de caminhos, o mesmo resultado final, partindo de diferentes condições iniciais. Na medida em que os sistemas abertos desenvolvem mecanismos regulatórios (homeostase) para regular suas operações, a quantidade de equifinalidade é reduzida. Entretanto, a equifinalidade permanece: existe mais de um modo de o sistema produzir um determinado resultado, ou seja, existe mais de um caminho para o alcance de um objetivo. O estado estável do sistema pode ser atingido a partir de condições iniciais diferentes e por meios diferentes.[v]

1.11. TEORIA CONTINGENCIAL

- ➤ Significado de Contingência:
    - ✓ A palavra **contingência** significa algo **incerto ou eventual**, que pode ocorrer ou não, dependendo das circunstâncias. A abordagem contingencial salienta que não se alcança a *eficácia organizacional (resultado)* seguindo um único e exclusivo modelo organizacional, ou seja, não existe uma forma única e melhor para organizar no sentido de alcançar os objetivos variados das organizações dentro de um ambiente também variado.

- ➤ Dica: Ambientes e Tecnologias são diferentes e geram diferentes desenhos organizacionais
    - ✓ Ex.: ênfase no ambiente e na tecnologia, sem desprezar as tarefas, as pessoas e a estrutura organizacional. Obs.: TGA → condicionantes da estrutura;

- ➤ Abordagem explicativa/descritiva
- ➤ Homem Complexo

> **Homem complexo:** é a visão do homem como um sistema complexo de valores, percepções, características pessoais e necessidades. Ele opera como um sistema aberto capaz de manter seu equilíbrio interno diante das demandas feitas pelas forças externas do ambiente.

- ✓ Homem economicus
- ✓ Homem social → informal
- ✓ Homem organizacional
- ✓ Homem Administrativo
- ✓ Homem Funcional

    Vários papéis, caracterizando uma extrema dinamicidade do sistema.

- ➤ Na Teoria da Contingência tudo é relativo, tudo depende, isto é, não há nada de absoluto

> ***ambiente**: é tudo aquilo que envolve externamente uma organização (ou um sistema)

➢ Ambiente Geral → *macroambiente*

  ✓ Ex.: tecnológico, econômico, político/legal, sociocultural, internacional

➢ *Ambiente das Tarefas* → envolvem diretamente cada organização

  ✓ Ex.: clientes, competidores, fornecedores, reguladores e parceiros estratégicos

➢ *Ambiente interno*

  ✓ Ex.: proprietários, empregados, administradores e ambiente físico

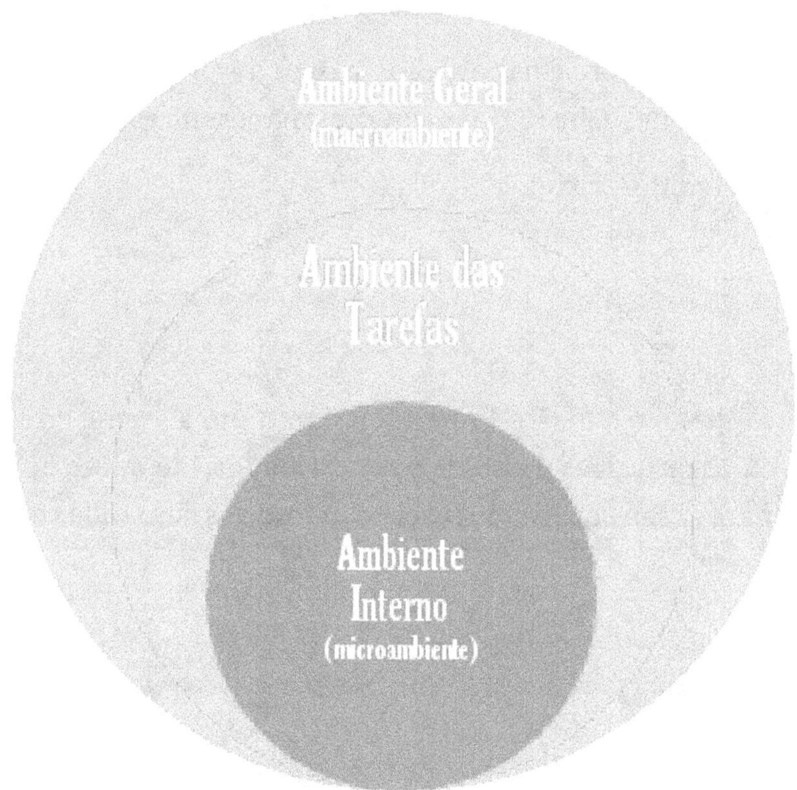

TECNOLOGIA:

✓ A tecnologia é o conhecimento que pode ser utilizado para transformar elementos materiais em bens ou serviços, modificando sua natureza ou suas características. A tecnologia tem a propriedade de determinar a natureza da estrutura e do comportamento organizacional. Existe um forte impacto da tecnologia sobre a vida, a natureza e o funcionamento das organizações. A tecnologia pode ser considerada sob dois ângulos diferentes: como uma variável ambiental e externa e como uma variável organizacional e interna.

✓ Tecnologia como variável ambiental: a tecnologia é um componente do meio ambiente à medida que as empresas adquirem, incorporam e absorvem as tecnologias criadas e desenvolvidas pelas outras empresas do seu ambiente de tarefa em seus sistemas.

✓ Tecnologia como variável organizacional: a tecnologia é um componente organizacional à medida que faz parte do sistema interno da organização, já incorporada a ele, passando assim a influenciá-lo poderosamente e, com isso, influenciando também o seu ambiente de tarefa.

> Devido à sua complexidade, os autores tentaram propor classificações ou tipologias de tecnologias para facilitar o estudo de sua administração.

1.11.1.   EXPERIMENTOS E PESQUISAS DA ÉPOCA

1 – PESQUISA DE CHANDLER SOBRE ESTRATÉGIA E ESTRUTURA

Nas indústrias Americanas

Para Chandler, as mudanças estruturais de grandes organizações estão relacionadas com a estratégia de negócios. O teórico examinou comparativamente essas corporações americanas, demonstrando como a sua estrutura foi continuamente adaptada e ajustada à sua estratégia.

> Estrutura organizacional → Desenho da Organização → Estratégia → Plano global de alocação de recursos

2 – PESQUISA DE BURNS E STALKER SOBRE ORGANIZAÇÕES

Nas Indústrias Inglesas:

Modelo Mecanicista (Tradicional - aspectos burocráticos)	Modelo Orgânico (Moderno)
Centralização	Descentralização
Controle rígido	Controle flexível
Verticalização	Horizontalização
Hierarquização	Pouca Hierarquia
Amplitude Administrativa Estreita	Amplitude Administrativo Larga

PESQUISA DE LAWRENCE E LORSCH SOBRE O AMBIENTE

Paul R. Lawrence e Jay W. Lorsch fizeram uma pesquisa sobre o defrontamento entre organização e ambiente, que marca o aparecimento da Teoria da Contingência. Tal nome derivou desta pesquisa. Estes autores, preocupados com as características que as empresas devem ter para enfrentar com eficiência as diferentes condições externas, tecnológicas e de mercado, fizeram uma pesquisa sobre dez empresas em três diferentes meios industriais (plásticos, containers, alimentos empacotados). Os autores concluíram que os problemas organizacionais básicos são a diferenciação e a integração.

➢ Diferenciação
  ✓ Cada departamento reage *unicamente* àquela parte do ambiente que é *relevante* para a sua própria tarefa especializa

➢ Integração
  ✓ Refere-se ao processo oposto, gerado por pressões vindas do ambiente da organização no sentido de obter unidade de esforços e coordenação entre os vários departamentos

PESQUISA DE JOAN WOODWARD SOBRE A TECNOLOGIA

Joan Woodward realizou uma pesquisa nos anos 50 para saber se os princípios de administração propostos pelas teorias administrativas se correlacionam com o êxito do negócio. A pesquisa envolveu uma amostra de 100 empresas, entre 100 e 8.000 empregados.

Woodward considerou a tecnologia como responsável por um papel tão ou mais importante que aquele da estrutura e dos processos, na organização interna das empresas.

As empresas foram classificadas em três grupos, de acordo com a tecnologia de produção:

➢ Tecnologia → mais importante que **estrutura** e os **processos**
  ✓ Produção unitária ou oficina ou produção de pequenos lotes
  ✓ Produção em massa ou mecanizada
  ✓ Produção em processo ou automatizada

1.12. TEORIA JAPONESA (DEMING)

14 princípios de Deming:

> Não existe hierarquia apenas causa e efeito, essa é a sequência proposta por Deming

1. Constância de propósito
2. Adote a nova filosofia
    - Postura empreendedora (atualmente)
    - Não deve ser tradicionalista nas regras
3. Deixe de depender da inspeção para atingir qualidade
4. Minimize o custo total
    - Ter apenas um fornecedor de cada item
        - Para ter fidelidade
    - A lei 8.666 vai de encontro, pois são necessários vários fornecedores para combinar melhor preço e técnica, aumentar o poder de barganha
5. Melhore constantemente
    - Cultura da sociedade japonesa
6. Treinamento no local de trabalho
7. Institua liderança
8. Elimine o medo
9. Elimine barreiras entre departamento
10. Novos níveis de produtividade
    - Sem metas (isso limita o funcionário)
11. Elimine padrões de trabalho
    - Padrões flexíveis de acordo com sua equipe de trabalho
12. Abolir avaliação periódica
13. Educação e auto-aprimoramento
    - Empreendedorismo no serviço público (atualmente)
14. Transformação
    - Transformar conceito, métodos

KAIZEN

- ✓ Fazer hoje melhor do que ontem, fazer amanhã melhor do que hoje
- ✓ Ciclo PDCA (não foi criado por Deming, mas sim aplicado)
    - Plan
    - Do
    - Check
    - Act

2.   ADMINISTRAÇÃO PÚBLICA NO BRASIL

2.1. EVOLUÇÃO ADMINISTRATIVA DO ESTADO BRASILEIRO

Resumidamente, quais foram os modelos de Administração Pública existentes no Brasil?

Houve 3 modelos no Brasil: Patrimonialista, Burocrático, e Gerencial.

> ⚠️ Fique atento, pois eles não foram totalmente extintos do cenário atual. Por exemplo, **nepotismo e corrupção** são **resquícios** do Modelo Patrimonialista ainda existente no Brasil.

Simplificadamente, teremos o Patrimonialismo:

- marcado pelas vontades do Imperador;
- nepotismo e corrupção;
- patrimônio público e particular se confundem.

Teremos o Burocrático (a partir da década de 1930 até à de 1990):

- foi criado o DASP - Governo Vargas;
- foco na formalidade, impessoalidade e profissionalização;
- defeitos: engessamento da máquina estatal, pouca eficiência e controle excessivo.

Teremos o Gerencial (a partir da década de 1990):

- descentralização e foco no cidadão;
- entrada do Decreto Lei 200;
- o foco era tornar o Estado mais moderno.

Não se preocupe, pois haverá muita explicação sobre isso no decorrer do material.

ESQUEMAS

- ➤ PATRIMONIALISTA:
  - ○ Nepotismo
  - ○ Corrupção
  - ○ Junção do público e particular (res público e res privado)
  - ○ Paternalismo
  - ○ Piedade pessoal

- ◦ Prebendas e sinecuras
- ◦ Poder do soberano

➤ BUROCRÁTICA
- ◦ Rigidez
- ◦ Formalismo
- ◦ Impessoalidade
- ◦ Profissionalismo
- ◦ Meritocracia
- ◦ Hierarquia funcional
- ◦ Poder racional-legal
- ◦ Separação entre a *res* pública e a *res* privada
- ◦ Controle (a priori) controle rígido dos procedimentos
- ◦ Centralização
- ◦ Apego às normas e regulamentos

➤ GERENCIAL:
- ◦ Eficiência (meios)
- ◦ Flexibilidade
- ◦ Eficácia (resultados)
- ◦ Accountability
- ◦ Contrato de gestão
- ◦ Descentralização
- ◦ Terceirização
- ◦ Transparência
- ◦ Controle (a posteriori) voltada para o cidadão e para resultados
- ◦ Competição administrada
- ◦ Atribuiu ao Estado o papel de regulador
- ◦ Delegou serviços para administração indireta, iniciativa privada
- ◦ Incorporação de práticas da iniciativa privada à administração pública.

➜ *Atualmente o modelo Gerencial é o que prevalece, mas não é correto dizer que as práticas anteriores foram totalmente extintas. Nenhum modelo foi extinto.*

2.1.1. MODELO PATRIMONIALISTA

- ➢ Brasil Colônia
- ➢ Monarquia
- ➢ Velha República
- ➢ É superado (oficialmente) pelo modelo burocrático nos anos 1930
    - Superar não significa **extinguir**

- ✓ Característica do modelo Patrimonialista
    - ❖ Também chamado de modelo autocrático
    - ❖ Sem distinção entre bens públicos e privados
        - Confusão patrimonial
    - ❖ Decisões comportamentais
        - Diferente de decisões racionais
    - ❖ Favorecimento de parentes
    - ❖ Corrupção e Nepotismo → pessoalidade (sinecuras, prebendas)
    - ❖ Caráter discricionário e arbitrário
    - ❖ *Gerontocracia* → governo dos mais velhos (Conselhos de Anciãos)
    - ❖ *Sultanismo* → "Livre Vontade" (Cumprir suas ordens) → Governo autoritário
    - ❖ *Patriarcalismo* → *poder de uma determinada família*
    - ❖ Feudalismo → dominação baseada na "fidelidade pessoal"

- ✓ Resquícios atuais
    - ❖ Nepotismo
    - ❖ Improbidade

2.1.2.   MODELO BUROCRÁTICO

TEORIA BUROCRÁTICA (MAX WEBER)

Nossa Carta Magna foi influenciada pela Teoria de Max Weber.

Aspectos legais e rígidos, regrado no mérito, sem pessoalidade, estabilidade;

Livro do autor: Economia e Sociedade, publicado em 1920;

✓ Teoria da Burocracia (Max Weber) influenciou fortemente o modelo burocrático
  - *São tópicos distintos*

✓ Início 1930 e 1936 (Governo Vargas) até 1990 e 1995

✓ **Max Weber** → Poder Racional legal → formalismo
  - Diferente de: Vargas → *combater a corrupção/nepotismo*
  - O Pensamento burocrático de Max Weber nunca foi totalmente implantado no Brasil, já que a intenção de Vargas era combater a corrupção e nepotismo.

Transição dos modelos:
- Até os anos 1930 → patrimonialista
- Anos 1930 até 1990 → burocrático
- Atual → gerencial

Tenha em mente que os influenciadores são:
- Capitalismo
- Democracia
- Liberalismo

2.1.3. REFORMAS ADMINISTRATIVAS

➢ Aspectos econômicos
  - ✓ O Estado arcou com o ônus da industrialização
➢ Aspectos Sociais
  - ✓ CLT
  - ✓ Sindicatos
➢ Era Vargas de 1930 a 1945
  - ✓ Estado do bem-estar social
  - ✓ Estado desenvolvimentista/Intervencionista
  - ✓ Modelo Keynesiano

1ª REFORMA ADMINISTRATIVA

➢ Crise da bolsa de New York (1929)
  - ✓ O Brasil era a república do café com leite (Minas e SP)
  - ✓ Houve um enfraquecimento dos produtores de Leite e Café
  - ✓ Outros fatores como a morte (assassinato) do João Pessoa

➢ Fim da Política do "café com leite"

➢ Revolução de 1930

O que foi a 1ª Reforma Administrativa?
  - Superação do modelo Patrimonialista; e
  - Introdução do modelo Burocrático (Weberiano)
  - Não houve extinção do Modelo Patrimonialista
  - Impessoalidade
  - Legalidade

➢ 1936 - Criação da Comissão Administrativa do Serviço Público.
  - ✓ Getúlio Vargas

➢ 1937 - Constituição Federal (Polaca) e **<u>previsão</u>** legal do DASP (Departamento Administrativo do Serviço Público).

➢ 1938 - **<u>Criação</u>** da DASP, por meio do Decreto-Lei 579/38

✓ Centraliza

- Compras
- Contratação de pessoas
- Procedimentos administrativos
- Centralização Extrema

Getúlio Vargas (DASP 1936)

Na década de 1930 o Brasil viveu um momento de transição: **Getúlio Vargas implantou um regime autoritário no País, chamado de Estado Novo**, e buscava fazer uma racionalização burocrático-administrativa no Brasil para que, centralizando as decisões, pudesse intervir mais fortemente no setor produtivo de bens e serviços para o mercado

O DASP foi criado no Governo do Presidente Getúlio Vargas [adaptado]:

> Órgão previsto pela CF/37 e criado em julho de 1938, diretamente subordinado ao Presidente, objetivando aprofundar a reforma administrativa destinada a organizar e a racionalizar o serviço público no país, iniciada anos antes por Getúlio Vargas.

Obs.: O DASP foi criado por lei em 1936, e na prática foi criado em 1938, na prova pode cair as duas datas, os dois dizeres estão certos.

Na era Vargas, a partir da década de 1930, o Brasil passou a enfrentar um forte momento de **industrialização e de intervenção do Estado** no setor produtivo. Alguns pontos principais desta época que merecem destaque são:

- Tentativa de implantar estruturas gerenciais e de coordenação;
- Processo de racionalização;
- Surgimento das primeiras carreiras burocráticas;
- Tentativa de adoção do concurso como forma de acesso ao serviço público (meritocracia);
- Apenas para cargos do alto escalão → cargos menores ainda continuou sem concurso
- A reforma burocrática foi uma consequência da emergência de um capitalismo moderno;
- Mudanças na forma de gestão do RH e orçamento;
- Implantação de mecanismos de controle na burocracia para romper com o clientelismo e com o patrimonialismo.[1]

DASP (1936/38) → Fortalecimento do Pensamento Burocrático:

- Organização os orçamentos
- Classificação dos cargos

- Universalizando procedimentos
- Organizando processos seletivos de funcionário por meio de concurso
- Meritocráticos
- Profissionalização
- Compras de materiais
- Centralização Administrativa e Centralização Política

Vargas iniciou mudanças que tinham duas vertentes:

1º- Promover a racionalização burocrática, que trazia princípios a serem aplicados à administração pública com objetivo de substituir as práticas patrimonialistas, são eles:

➢ Impessoalidade

   ○ Os cargos seriam ocupados com base na competência para realizar a tarefa, não em preferências pessoais.

➢ Profissionalismo

   ○ Fixa normas e regras para o desempenho do cargo.

➢ Autoridade

➢ Hierarquia e divisão do trabalho

➢ Formalidade dos atos e comunicações

2º- Estabelecer mecanismos para controlar a crise e promover a alavancagem industrial.

- Era Vargas de 1930;

- **Racional - legal**: Seguir leis, normas e regulamentos;

- Reforma burocrática (concretizada com a criação do **DASP** em 1938);

- Objetivo do DASP: implementar na administração pública brasileira os princípios da estrutura burocrática, dentre os quais se destacou a meritocracia e o profissionalismo.

Obs.: Vale lembrar que nunca aplicamos o modelo 'puro' da burocracia de Weber.

2ª REFORMA ADMINISTRATIVA

Decreto Lei 200/67 (Reforma do Regime Militar)

➢ Contexto Histórico:

   1. Modelo Burocrático desde 1930

2. DASP centralizadora

   a. Criado por Getúlio Vargas

3. Normas e legalidade

4. O DASP continuou rígido demais

   a. Se tornou um problema

5. Golpe militar em 1964

➤ Crise do Modelo Burocrático

- ❖ Burocracia além do necessário (burocratização)
- ❖ Estado acima do cidadão
- ❖ Ineficiência
- ❖ Monopólio

➤ Reforma do Governo Militar

- ❖ Levantamento da situação administrativa
- ❖ Modernização da Administração Pública

➤ Decreto Lei 200/1967

- ❖ Estrutura: Direta e Indireta
  - ✓ O controle era muito rígido para a Direta e muito flexivel para a Indireta
- ❖ Princípios
  - ✓ Planejamento
  - ✓ Delegação,
  - ✓ Descentralização
  - ✓ Coordenação,
  - ✓ Controle
- ❖ Distinção entre administração
  - ✓ Direta (U, E, DF, M);
  - ✓ Indireta → gerou um fortalecimento da adm. Indireta (A, FP, EP, SEM);
- ❖ Plano de classificação de cargos

❖ Fortalecimento do sistema de mérito

❖ Normas de aquisição e contratação, bens e serviços

❖ Organização administrativa do DF e dos Ministérios

❖ Tentativa de Gerencialismo

❖ Pouco controle na indireta

- ✓ Havia nepotismo, por exemplo

❖ Centralização Política

❖ Descentralização Administrativa

➢ Mais detalhes:

- Visto como a Segunda reforma administrativa
- Gerou um fortalecimento para a Administração Indireta
- Primeiro marco de reforma administrativa gerencial no Brasil;
- Ocorreu durante a ditadura militar;
- A aposta era no fortalecimento da administração indireta para gerar eficiência;
- Empresas estatais com condições de funcionamento idênticas às do setor privado - inclusive a contratação de pessoal;
- A administração direta continuou a mesma, apenas a indireta que ganhou mais autonomia.

Princípios da Administração Geral para o setor público:

- Planejamento;
- Coordenação;
- Descentralização;
- Delegação de competência;
- Controle.

2.1.4.   NOVA GESTÃO PÚBLICA

➤ Crise do petróleo **(73/79)**

➤ Crise fiscal (crise da dívida externa/interrupção do ciclo crescimento econômico)

➤ Globalização

➤ Tendência ao modelo Neoliberal, diminuição do tamanho do estado

➤ Reestruturação produtiva

➤ Crise de estado e crise de governabilidade

➤ Nasceu nos EUA

    ✓ New Public Management → por Regan

➤ Inspiração nos modelos de Gestão Empresarial contemporânea (Gestão Privada) → gerou ferramentas para utilização de características da administração privada, sem perder o contexto público

➤ Governo FHC → MARE (1995)

➤ Necessidade de Implantação do Modelo Gerencial no Brasil

CONTEXTO EVOLUTIVO:

Reforma gerencial britânica:

1. Gerencialismo puro (Década de 70)

    ➤ Economia/Eficiência

    ➤ Redução de Custos

    ➤ Taxpayer (Contribuinte)

2. Consumerismo (Década de 80)

    ➤ Efetividade/Qualidade (impacto final)

    ➤ Cliente/Consumidores

3. Public Service Orientation - PSO (Década de 90)

    ➤ Accountability/Equidade

➢ Justiça Social

➢ Foco no cidadão

Modelo Gerencial é a Junção desses 3 → Tudo isso são características do Modelo Gerencial

2.2. REFORMAS ADMINISTRATIVAS DO ESTADO BRASILEIRO – PARTE 2

CONSTITUIÇÃO DE 88

- Representa um retrocesso burocrático
- Centralização Administrativa
    - No modelo gerencial é diferente: Descentralização Adm. e Política
- Descentralização Política
- Consolida o Modelo Burocrático
- Art. 37 (LIMP - sem o E - eficiência)
    - Emenda Constitucional (19/98) que iria adicionar o E, visto mais à frente.
- Controle entre poderes
- Atribuições do TCU
- Concurso – mérito
- Crise de Governança → Crise do Modelo Burocrático
    - Controle transforma-se na razão de ser do funcionário (Controle rígido)
    - Estado volta-se para si mesmo, deixando de servir à sociedade
    - Gerou ineficiência, lentidão e incapacidade de voltar-se para servir aos cidadãos visto como cliente → modelo autorreferido (sempre que ler autorreferido, associe a burocracia)
    - Um dos motivos de engessamento do modelo de gestão burocrático é que, no início, os serviços do Estado eram reduzidos, limitando-se a manter a ordem, administrar a Justiça, garantir os contratos e propriedade, no entanto, no Estado social e econômico, com o crescimento do tamanho do Estado, a hierarquia, a centralização e a rigidez dos procedimentos acabou levando a ineficiência do modelo.

REFORMA GERENCIAL

No Brasil, a Reforma Gerencial da administração pública, a qual iniciou em 1995, pode ser hoje considerada um projeto bem sucedido, principalmente no que tange a definição institucional. O apoio recebido pela reforma junto à alta administração pública mostrou uma nítida alteração de na cultura, indo de burocrática para gerencial. Entre os métodos de gestão, ela priorizou a estratégia da gestão pela qualidade. Dentre tantos pontos relevantes, temos a característica de uma melhor utilização dos recursos limitados disponíveis, o que contribui muito para a gestão eficiente da máquina pública. [vi]

- Ministro Bresser Pereira

❖ Algumas Bancas chamam de reforma bresseriana

➤ Criação do MARE

   ❖ Ministério da Administração Federal e da Reforma do Estado

   ❖ **Em 1994,** no Ministério da Administração Federal e da Reforma do Estado Brasileiro (MARE), sob o comando de Luiz Carlos Bresser Pereira intensificaram-se as propostas de reforma e características da nova administração pública.

   ❖ O próprio Ministro Bresser Pereira extinguiu o MARE

➤ Definição do PDRAE

   ❖ Em **1995**, o Plano Diretor da Reforma Administrativa do Estado veio para modificar a burocracia pública brasileira, dividindo as atividades estatais em dois segmentos: atividades **exclusivas** do Estado e **não exclusivas** do Estado.

➤ Características do PDRAE (1995)

1. Ajustamento fiscal duradouro;

2. Reformas econômicas orientadas para o mercado que acompanhadas de uma política industrial e tecnológica, garantam a concorrência interna e criem condições para o enfrentamento da competição internacional;

3. Reforma da Previdência Social;

4. Inovação dos instrumentos de política social, proporcionando maior abrangência e promovendo melhor qualidade para os serviços sociais;

5. A reforma do aparelho do estado, com vistas a aumentar sua "governança", ou seja, sua capacidade de implementar de forma eficiente políticas públicas

Observações:

   ❖ I – O Estado vem abandonando o papel de executor ou prestador direto de serviços, mantendo-se, entretanto, no papel de regulador, provedor ou promotor;

   ❖ II – como promotor desses serviços, o Estado continuará a subsidiá-los, a controlá-los e regulamentá-los, o que não necessariamente significa uma diminuição de seu tamanho, mas uma alteração de atuação.

Setores do Estado (PDRAE)

   ❖ **1 –** Núcleo Estratégico
      ✓ Define as leis/políticas Públicas

- ✓ Poder
  - · Executivo
  - · Legislativo
  - · Judiciário
  - · MP

- ❖ **2** – Atividade Exclusiva
  - ✓ Poder Extroverso
  - ✓ Regulamentar, fomentar, fiscalizar

- ❖ **3** – Serviço não Exclusivo

  - ✓ Estado atua simultaneamente com
    - · Administração privada
    - · Administração pública não estatal
      - · 3 - OS, OSCIP, Sistema S
  - ✓ Educação, saúde, centro de pesquisa, museus
  - ✓ Chamado de Publicização

- ❖ **4** – Produção de Bens/Serviços p/ mercado
  - ✓ Apenas aqui é que ocorre a Privatização/Terceirização
  - ✓ Área de atuação das empresas
  - ✓ Lucro
  - ✓ Chamado de Desestatização

➤ ## As Principais Características Do Modelo De Administração Gerencial:

- ❖ Orientação para a obtenção de resultados;
  Foco no cidadão, entendido como cliente / usuário último da Administração Pública;
- ❖ Descentralização administrativa (delegação de autoridade), priorizando os resultados e o seu controle (efetuado por meio de contratos de gestão);
- ❖ Descentralização política, transferindo-se recursos e atribuições para os níveis políticos regionais e locais;
- ❖ Fortalecimento e aumento da autonomia da burocracia estatal, organizada em carreiras de Estado, passando a formular e a gerir, juntamente com políticos e demais membros da sociedade, as políticas públicas;
- ❖ Terceirização de atividades auxiliares e de apoio, que passam a ser licitadas competitivamente no mercado;

REFORMA ADMINISTRATIVA GERENCIAL (1990)

- ➤ Cria o NAP
- ➤ Introdução do Modelo Gerencial
- ➤ Superação do Modelo Burocrático
  - ◦ Não é extinção
  - ◦ É uma superação formal
- ➤ Manutenção da burocracia necessária

CARACTERÍSTICAS DO GERENCIALISMO

- ➤ Adoção de Ferramentas da Iniciativa Privada
  - ◦ BSC, Diagrama de Pareto, etc.
  - ◦ Com adaptações
- ➤ Parcerias Público Privadas
  - ◦ Estruturas híbridas (para gestão)
- ➤ Agências Reguladoras
- ➤ Estado ao lado do cidadão
- ➤ Foco nos resultados
- ➤ O controle passa a ser finalístico

O CONTEXTO DA NAP (02 00)

- ➤ Primeiro ano do governo FHC (Liderado pelo então Min. Bresser Pereira)
- ➤ Manter a base burocrática com flexibilização na gestão
- ➤ Estado ao lado do cidadão
- ➤ Consulta ao cidadão

GOVERNABILIDADE (CONDIÇÃO)

- ➤ Dois tipos
  - ◦ Legalidade
    - ■ Apenas cumprir mandado
  - ◦ Sociedade
    - ■ Base de sustentação social
      - • Não tem a ver com percentual de voto
      - • Apoio de Setores da Sociedade Civil
- ➤ Governabilidade relativa
  - ◦ Golpe de Estado
  - ◦ Não existe legalidade, porém há:

- Sustentação Social

GOVERNANÇA (FORMA/MODO)

- ➢ Orçamento participativo
    - ◦ Consulta aos interessados (Stakeholders)
    - ◦ Antes de tomar decisão
- ➢ Conselhos Gestores
- ➢ Audiências Públicas
- ➢ Portal "e-democracia"
- ➢ Controle Social

ACCOUNTABILITY (PRESTAÇÃO DE CONTAS)

- ➢ Para todos
- ➢ Responsabilidade
- ➢ Tipos
    - ◦ Vertical → Sociedade
    - ◦ Horizontal → Governo

OS 3 ÉS DA ADMINISTRAÇÃO (03 00)

CONTEXTO

- ➢ Reforma Gerencial
- ➢ Foco em Resultados
- ➢ Emenda Constitucional (19/98)
    - ◦ Não só adiciona Eficiência, mas também cria base para eficácia e efetividade.
- ✓ Eficiência → Meio
- ✓ Eficácia   → Fim
- ✓ Efetividade → Valor (Aspectos positivos)

EFICIÊNCIA

- ✓ Recursos destinados → Resultados obtidos
- ✓ Racionalismo
- ✓ Uso econômico

EFICÁCIA

- ✓ Cumprir a Missão
- ✓ Atingir metas
- ✓ Razão de ser
- ✓ Finalidade
- ✓ Objetivo

EFETIVIDADE

- ✓ Valor percebido (valor total – custo total)
- ✓ Satisfação
- ✓ Qualidade

2.3. DIVISÃO ECONÔMICA

A divisão Econômica de um país é dividida em <u>TRÊS SETORES:</u>

- O Primeiro Setor também denominado de Setor Privado composto pelas EMPRESAS PRIVADAS.

  ◦ Estão no primeiro setor as prefeituras e suas secretarias, os governos estaduais e suas secretarias, a presidência da república e todos os ministérios.

- O <u>Segundo Setor</u> recebe a denominação de <u>Setor Público</u> constituído pelo <u>GOVERNO</u>.

  ◦ O segundo setor é reservado a todas as empresas que geram lucro.

  ◦ Estão no segundo setor toda e qualquer empresa e de qualquer tamanho.

  ◦ Está no segundo setor a padaria, o açougue e também a multinacional e os bancos.

- E por fim o Terceiro Setor formado pelas ORGANIZAÇÕES SEM FINS LUCRATIVOS

  ◦ O terceiro setor que acontecem ações que o poder público deveria estar executando.

  ◦ Podem ser ações educativas, culturais, esportivas, de segurança ou mesmo saúde.

  ◦ A sua ONG - Associação sem fins lucrativos - pode estar realizando uma ação neste momento que caberia à prefeitura executar.

- É preciso ficar atento pois algumas bancas entendem que há um quarto setor, o submundo - mercado ilícito, contrabando etc

2.4. CONSELHO

Antes de finalizar esse capítulo, gostaria de deixar uma dica de estudo.

Para a matéria de Administração Pública, será necessário (na maioria dos casos) estudar a Lei de Acesso à Informação (Lei 12.527/11).

É uma lei relativamente pequena. São 40 artigos de fácil compreensão. Caso ainda não tenha lido, vale a pena parar e ler por completo. Não precisa pegar um caderno, separar uma matéria, separar marca textos e canetas coloridas. Não complique. Relaxe e leia a lei. Será útil algum dia.

Acredite em mim:

> Toda lei seca que aparece nos editais vale a pena ler. Não confie apenas no que seu professor separou. Além disso, jamais seja um "concurseiro(a) Netflix." ��

3. CULTURA ORGANIZACIONAL

A Cultura será analisada a fundo em aula específica.

1. Missão
2. Visão
3. Matriz Swot (análise interna, externa)
4. Cenários (prospectivos)

> Quanto mais abaixo da pirâmide, maior o número de planejamentos.

CULTURA

De acordo com Schein, cultura:

É um modelo de pressupostos básicos, que determinado grupo tem inventado, descoberto ou desenvolvido no processo de aprendizagem para lidar com problemas de adaptação externa e integração interna. Uma vez que os pressupostos tenham funcionado bem o suficiente para serem considerados válidos, são ensinados aos demais membros como maneira correta para se proceder, se pensar e sentir-se em relação àqueles problemas.

Nassar afirma que:

(...) cultura organizacional é o conjunto de valores, crenças e tecnologias que mantém unidos os mais diferentes membros, de todos os escalões hierárquicos, perante as dificuldades, operações do cotidiano, metas e objetivos. Pode-se afirmar ainda que é a cultura organizacional que produz junto aos mais diferentes públicos, diante da sociedade e mercados o conjunto de percepções, ícones, índices e símbolos que chamamos de imagem corporativa.

Para Chiavenato, a cultura organizacional consiste em padrões explícitos e implícitos de comportamentos adquiridos e transmitidos ao longo do tempo que constituem uma característica própria de cada empresa. No nível visível, estão os padrões e estilos de comportamento dos empregados. No nível como um iceberg, invisível estão os valores compartilhados e crenças que permanecem durante um longo período de tempo. Este nível é mais difícil de mudar.

- Dimensões da Cultura
  - Ideologia
    - ✓ Conjunto de normas e valores, regulamentos, política administrativa
    - Material
    - ✓ Instrumentos, processos, recursos materiais utilizados na organização
    - Psicossocial (clima Organizacional)
    - ✓ Percepções e sentimentos positivos e negativos

- Funções da Cultura
  - Papel de definidora de fronteiras, ou seja, cria distinções entre uma organização e as outras;
  - Gera senso de identidade aos membros da organização;
  - Facilita o comprometimento com algo maior do que os interesses individuais de cada um;
  - Gera uma argamassa social que ajuda a manter a organização coesa, fornecendo os padrões adequados;
  - Serve de mecanismo de controle que orienta a dá forma às atitudes e comportamento dos funcionários.

- Como os funcionários aprendem a Cultura
  - Histórias
  - Rituais → sequência de atividades repetitivas
  - Símbolos Materiais
  - Linguagem

- Aspectos formais e abertos → visíveis

• Aspectos informais e ocultos → invisíveis

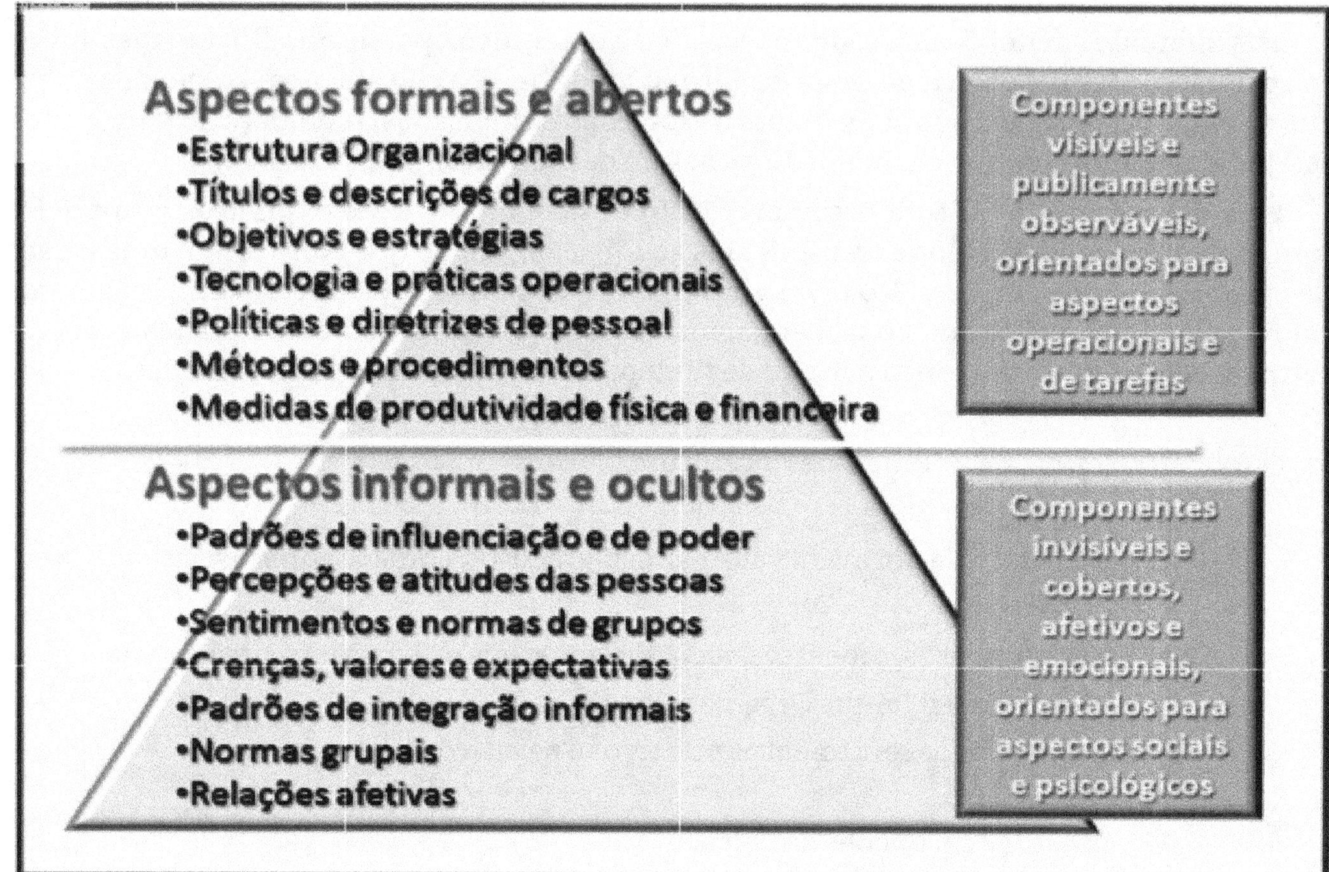

Níveis da Cultura:

Artefatos

Correspondem ao primeiro nível, o mais superficial. Basicamente, é tudo o que percebemos assim que temos contato com uma organização. Dentro deste nível, temos os produtos, os padrões comportamentais, o vestuário, o espaço físico, os símbolos, os logotipos, a linguagem etc.

Valores

São relacionados com a crença no que é certo ou errado dentro da organização. Existem em um nível consciente e são utilizados para explicar e justificar o comportamento dos integrantes. Podem ser percebidos nas histórias, nas lendas, na linguagem e nos símbolos.

Pressupostos Básicos

> São as verdades inquestionáveis. Trata-se de valores tão arraigados que nem mais são explicitados. São as fontes originais dos valores. Correspondem ao nível mais profundo e difícil de ser mudado. Como os valores, podem ser percebidos nas histórias, nas lendas, na linguagem e nos símbolos.

- Elementos da Cultura Organizacional

✓ 1 - Valores

- Expressam o comportamento da organização → essência da empresa

✓ 2 - Crenças

- Empresa acredita ser verdadeiro

✓ 3 - Ritos/Rituais/Cerimônia

- Atividades sequenciais da organização

Para TRICE e BEYER (1985), os ritos são regras sociais que guiam o comportamento das pessoas na vida empresarial e são representações dos valores culturais básicos da companhia.

Os rituais são comparados a um roteiro, com o qual os funcionários, no ambiente corporativo, podem dar sentido as suas experiências, de acordo com DEAL e KENNEDY (1990).

Para TRICE e BEYER (1984), existem seis tipos básicos de ritos:

˃ Os Ritos de Passagem facilitam a transição de indivíduos para novos papéis e status; são utilizados em processos de admissão, mudança de funções, promoção na carreira profissional.

˃ Os Ritos de Degradação – = Demissão: dissolvem identidades sociais e seu poder; são utilizados em casos de demissões, para denunciar falhas, violação de normas, afastamento de altos dirigentes.

˃ Os Ritos de Confirmação ou de Reforço fortalecem identidades sociais e seu poder; são utilizados para reconhecer publicamente "feitos heroicos", conquistas profissionais, superação de metas.

˃ Os Ritos de Reprodução ou de Renovação renovam estruturas sociais e melhoram o seu funciona mento; cita-se a adoção de novas formas gerenciais, programas de treinamento organizacional.

˃ Os Ritos para Redução de Conflitos reduzem conflitos e agressões e restabelecem o equilíbrio das relações.

˃ Os Ritos de Integração encorajam e revivem sentimentos comuns que agregam os indivíduos e os mantêm em um sistema social. Esses ritos recebem denominações específicas e que variam de organização para organização; são exemplos as festas de aniversário da organização, datas festivas (Natal, Páscoa, Dia das Mães, entre outras), os encontros das "sextas-feiras", as reuniões para comemoração de aniversários.

- 4 – Estória e Mitos
  - São contos
- 5 – Heróis
  - Pessoas que fizeram parte da organização
- 6 – Tabus
  - Tudo que não é permitido
- 7 – Normas
  - Regras impostas
- 8 – Comunicação
  - Troca de informações

- Reforçadores de Cultura do Teórico Torquato
  - Aspectos históricos
  - Natureza técnica da empresa
  - Gestão da organização
  - Osmose geográfica

Vantagens de se adotar uma Cultura Organizacional forte

Vantagens:

Uma cultura forte tende a evitar o surgimento de problemas internos, reduzindo o nível de conflitos.
Uma cultura forte desenvolve uma imagem clara sobre a organização.

Uma cultura forte proporciona um senso de identidade aos membros de uma organização.

A cultura demarca claramente as diferenças entre diferentes organizações.

Uma cultura forte possibilita melhor controle pela gestão.

Uma cultura adaptativa permite uma melhor adaptação da organização ao meio.

Uma cultura forte favorece o comprometimento dos colaboradores com a organização.

Desvantagens:

Uma cultura forte pode dificultar os processos de mudança e adaptação da organização, fazendo com que as pessoas não aceitem bem os processos de mudança.

Uma cultura forte pode dificultar a aceitação da diversidade na organização.

3.1. CARACTERÍSTICAS DA CULTURA ORGANIZACIONAL

Segundo Robbins et al. (2010), existem sete características essenciais que ajudam a capturar a essência da cultura de uma organização.

Para considerá-las, é preciso entender que, para cada uma delas, as organizações podem dar muita ou pouca ênfase, existindo inúmeros pontos intermediários entre esses dois extremos. As sete características estão dispostas a seguir:

1) **Grau de inovação**: trata-se do grau de estímulo dado aos funcionários para que sejam inovadores e assumam o risco da inovação.

2) **Atenção aos detalhes**: trata-se da precisão, da análise e do cuidado com os detalhes que são esperados dos funcionários.

3) **Orientação para resultados:** trata-se do grau no qual o foco da direção está voltado aos resultados, e não aos processos e técnicas utilizados para alcançá-los.

4) **Foco nas pessoas**: trata-se do grau em que a direção da organização considera o impacto de suas
decisões sobre o seu pessoal durante o processo de tomada de decisões.

5) **Foco na equipe**: trata-se do grau em que a organização do trabalho está mais voltada para as equipes, e não para os indivíduos.

6) **Agressividade:** trata-se do grau de agressividade e competitividade das pessoas na organização, em oposição à tranquilidade que poderia existir.

7) **Estabilidade:** trata-se do grau de estabilidade enfatizada pela organização, que busca a manutenção do *status quo* ao invés do crescimento organizacional.

Devemos entender ainda que a cultura não é uniforme por toda a organização, havendo uma **cultura dominante** e diversas **subculturas**.

3.2. CLIMA ORGANIZACIONAL

Refere-se a um conjunto de percepções, opiniões e sentimentos que se expressam no comportamento de um grupo ou uma organização, em determinado momento ou situação, sendo, portanto, passageiro e superficial. Caracteriza-se como um fenômeno geralmente de caráter menos profundo e que pode mudar em menor tempo. Diferente da cultura, o clima é avaliativo e descritivo, uma vez que, além de poder ser descrito, pode ser avaliado quanto ao grau de intensidade dos itens que o compõem, por meio da pesquisa de clima organizacional.

O clima organizacional pode ser definido como o grau de satisfação dos agentes da organização com os vários aspectos da cultura organizacional.

É um conceito que se refere ao ambiente interno da organização. Trata-se da manifestação de um conjunto de valores, atitudes e padrões de comportamento, formais e informais, existentes em uma organização. Enquanto a cultura trata da essência da organização e é relativamente estável, o clima organizacional é a síntese das percepções dos funcionários sobre a organização e o ambiente de trabalho, sendo algo mais temporário. Assim, as mudanças de cultura tendem a ser mais difíceis e demoradas do que a mudança do clima organizacional, que pode ser implementada em um prazo mais curto.

Segundo George Litwin (apud ROBBINS, 2007) clima organizacional: É a qualidade ou propriedade do ambiente organizacional que é percebida ou experimentada pelos membros da organização e influencia o seu comportamento.

O clima organizacional é uma decorrência da cultura organizacional, tanto de seus aspectos "positivos" e motivadores quanto de seus aspectos "negativos" e geradores de conflitos, sendo mais facilmente perceptível e manejável pela organização do que a sua cultura.

Chiavenato (2007) nos informa que o clima organizacional está intimamente relacionado com o grau de motivação de seus participantes. O clima organizacional é a qualidade ou propriedade do ambiente organizacional, percebida ou experimentada pelos participantes da empresa e que influencia o seu comportamento.
Percebe-se, desse modo, que o clima organizacional está muito relacionado à motivação e aos comportamentos dos funcionários. Um clima positivo influencia positivamente o trabalho das pessoas, enquanto um clima negativo pode "pesar" e fazer com que os funcionários passem a se sentir menos motivados. Além disso, funcionários desmotivados tendem a gerar um clima organizacional negativo, suscitando um ciclo negativo na organização.

Nesse sentido, o clima organizacional pode ser classificado como favorável (ou bom) ou não favorável (ou ruim) ao bom desempenho do trabalho. O clima favorável proporciona as condições para um maior comprometimento por parte dos funcionários, enquanto um clima desfavorável pode fazer com que os funcionários se desagreguem no trabalho. De forma diversa, as pessoas dentro da organização podem classificar o clima de várias formas qualitativas, como: bom, ruim, neutro, frio, caloroso, desafiador, "pegando fogo", depressivo, ameaçador etc.

É preciso ter em conta também que o clima dependerá da cultura como um todo, mas dependerá, na prática, de várias características do dia a dia organizacional, como: o estilo de liderança, as características do líder e dos liderados, a estrutura organizacional, as políticas e os valores postos em prática, o ramo de atividade da organização, o momento vivido pela organização, etc. que poderão ser avaliadas em pesquisas de clima organizacional para serem geridos com eficácia.

TIPOS DE CLIMA ORGANIZACIONAL

O clima organizacional poderá ser classificado de duas formas, segundo as respostas dos indivíduos aos estímulos organizacionais.

Podemos dizer que o clima é bom quando há um baixo turnover, alto tempo de permanência dos funcionários na empresa, bem como quando estes possuem orgulho em participar da organização.

Em um clima prejudicado ou ruim, há um turnover elevado, conflitos interpessoais, desinteresse pelo cumprimento das tarefas, resistências internas, competição exacerbada, vergonha de trabalhar na empresa. Em um clima prejudicado ou ruim predomina a falta de motivação.

4. PLANEJAMENTO E ESTRATÉGIA

Segundo *Chiavenato* – "Planejamento é um processo de estabelecer objetivos e definir a maneira como alcançá-los."

Segundo *Djalma de Oliveira* – "Planejamento é um processo desenvolvido para o alcance de uma situação futura desejada, de um modo mais eficiente, eficaz e efetivo, com a melhor concentração de esforços e recursos pela empresa."

Segundo *Schermerhorn*, o planejamento possibilita aos gestores focar não somente no curto prazo, mas também no futuro da organização. O processo de planejamento, de acordo com Schermerhorn, é composto por cinco passos:

1. Definição dos objetivos: neste momento devemos identificar o que queremos, ou seja, aonde queremos chegar.

2. Determinar sua situação atual: neste ponto devemos situar a organização – o quão longe estamos dos nossos objetivos? Dessa forma, teremos uma ideia do "caminho" que terá de ser percorrido.

3. Desenvolver premissas sobre o futuro: é a etapa em que buscaremos antecipar os eventos que poderão acontecer, ou seja, quais são os "cenários" ou situações mais prováveis de acontecer. Com isso, poderemos identificar oportunidades e ameaças aos nossos objetivos.

4. Analisar e escolher entre as alternativas: aqui, iremos gerar e analisar as alternativas possíveis de ação. Após isso, escolhemos a alternativa que seja mais indicada para que possamos atingir nossos objetivos.

5. Implementar o plano e avaliar os resultados: Agora, devemos executar o planejado e avaliar quais são os resultados atingidos, de modo que possamos corrigir os desvios e revisar os planos, se necessário.

Princípios do planejamento estratégico:

1) É orientado para o futuro.

2) É um mecanismo de aprendizagem organizacional.

3) É orgânico ou adaptativo.

4) É um processo de formação de consenso.

5) É compreensivo (envolve toda a organização).

PRINCÍPIO DA PRECEDÊNCIA DO PLANEJAMENTO:

• Ele sempre vem antes das outras funções administrativas;

• O planejamento deverá ser elaborado no início do processo administrativo, assumindo, assim, um papel de maior importância em relação às demais funções

Observação: O Planejamento faz parte do Processo Administrativo, que é uma ferramenta cíclica de administração. Portanto, apesar de sua precedência, o Planejamento está em constante aperfeiçoamento e adaptação.

4.1. PLANEJAMENTO ESTRATÉGICO

Missão, Visão e Valores:

Não é possível iniciar o Planejamento Estratégico sem a definição da visão, missão e negócio de uma organização pública. Para que possa ser feita a análise ambiental, é necessário estipular, assim, as importâncias da organização e seu posicionamento no mercado ou sua função social. Para isso, é fundamental a definição da missão, visão e negócio da organização.

Missão (Atemporal e Singular)

Representa a razão de ser da organização, o porquê de sua existência e qual sua função.

Visão (Temporal e Plural) Representa a forma de alcançar, concretizar, a razão de ser, ou seja, é a forma de concretizar a missão.

Valores (Temporal e Plural) Representam as importâncias que a organização carrega ao longo de sua história.

Níveis e Planejamento existem 3 níveis de planejamento e, além do Estratégico, existe o Tático, que desdobra a estratégia para cada departamento e o Operacional, que define as atividades desenvolvidas na base.

- ➤ Características
    - ◦ Sistêmico → global, todos os setores
    - ◦ Sinérgico → o todo é melhor do que as partes sozinhas
    - ◦ Genérico → setores distintos
    - ◦ Amplitude → alcança todos os membros da organização

Planejamento Estratégico

- ➤ Prazo:
    - ◦ Longo prazo (5 ou para tribunais são 6 anos - CNJ)
- ➤ Responsabilidade
    - ◦ Nível Diretivo (alta cúpula)
- ➤ Resultado
    - ◦ Cumprimento dos Objetivos Estratégicos (Chamados de Macro desafios)
- ➤ Refinamento
    - ◦ Pequenas mudanças (melhorias)
    - ◦ Não é permitido a Reengenharia no Planejamento Estratégico

CARACTERÍSTICAS FUNDAMENTAIS DO PLANEJAMENTO ESTRATÉGICO

O planejamento estratégico apresenta **cinco características fundamentais**.

1. O planejamento estratégico está relacionado com a adaptação da organização a um ambi-

ente mutável. Está voltado para as relações entre a organização e seu ambiente de tarefa. Portanto, sujeito à incerteza a respeito dos eventos ambientais. Por se defrontar com a incerteza, tem suas decisões baseadas em julgamentos e não em dados concretos. Reflete uma orientação externa que focaliza as respostas adequadas às forças e pressões que estão situadas do lado de fora da organização.

2. O planejamento estratégico é orientado para o futuro. Seu horizonte de tempo é o longo prazo. Durante o curso do planejamento, a consideração dos problemas atuais é dada apenas em função dos obstáculos e barreiras que eles possam provocar para um desejado lugar no futuro. É mais voltado para os problemas do futuro do que daqueles de hoje.

3. O planejamento estratégico é compreensivo. Ele envolve a organização como uma totalidade, abarcando todos os seus recursos, no sentido de obter efeitos sinergísticos de todas as capacidades e potencialidades da organização. A resposta estratégica da organização envolve um comportamento global, compreensivo e sistêmico.

4. O planejamento estratégico é um processo de construção de consenso. Dada a diversidade dos interesses e necessidades dos parceiros envolvidos, o planejamento oferece um meio de atender a todos eles na direção futura que melhor convenha a todos.

5. O planejamento estratégico é uma forma de aprendizagem organizacional. Como está orientado para a adaptação da organização ao contexto ambiental, o planejamento constitui uma tentativa constante de aprender a ajustar-se a um ambiente complexo, competitivo e mutável.[2]

Características do planejamento estratégico:

1) É orgânico ou adaptativo.

2) É orientado para o futuro.

3) É um processo de construção de consenso.

4) É compreensivo (envolve toda a organização).

5) Favorece o aprendizado organizacional.

4.2. PLANEJAMENTO TÁTICO

É um planejamento intermediário.

Planejamento Tático:

➢ Departamental
➢ Especializado
➢ Intermediário

➢ Prazo
  ◦ Médio Prazo (2 anos – em média... depende do parâmetro)
➢ Responsabilidade
  ◦ Níveis Gerenciais (não fica para a alta cúpula)
  ◦ Responsável de cada departamento
➢ Resultado
  ◦ Projetos a serem executados
➢ Refinamento
  ◦ Reengenharia

Explicação breve sobre outros assuntos para não confundir na prova, terá aula aprofundada sobre o tema:

➢ Departamentalização
  ◦ Funcional
    ▪ Fechado não monta projetos com outros departamentos (quase que outra empresa dentro da mesma empresa)
  ◦ Matricial
    ▪ Projetos interdepartamentais (matrizes de projetos entre vários departamentos)

➢ Projetos
  ◦ Acontecimentos
  ◦ Executado apenas por pessoas
  ◦ Tem prazos (temporais)
  ◦ Singulares (atendem a um objetivo)
➢ Processos

- ◦ Rotinas
- ◦ Executados por Pessoas e máquinas
- ◦ Atemporal
- ◦ Plurais (vários objetivos)

4.3. PLANEJAMENTO OPERACIONAL

Características:

➢ Atividade Fim

➢ Prestação de Serviço

➢ Contato com o Cidade

➢ Menor escopo

➢ Prazo

- Curto (até 1 ano)

➢ Responsável

- Níveis Técnico/Administrativo

➢ Objetivo

- Metas de Curto Prazo

➢ Cabe Refinamento (pequenas correções)

- Não cabe Reengenharia

4.4. REFINAMENTO E REENGENHARIA

No processo de planejamento, correções de rumos podem e devem existir e, neste sentido, tanto o refinamento quanto as reengenharias são importantes, pois permitem que, analisando as mudanças ambientais e demandas da sociedade, o projeto se alinhe sempre com foco em gerar valor ao cidadão.

Refinamento

O refinamento é o ajuste fino, a pequena correção que não abandona o processo anterior, que não altera a base do projeto ou processo, e apenas faz necessárias correções pontuais de rumo, alimentadas por questões ambientais externas ou internas.

Reengenharia

A reengenharia representa a mudança radical de rumos, a ruptura com aquilo que vinha sendo feito anteriormente, a nova perspectiva, sem levar em conta processo ou projetos em curso, e que é gerada quando se faz necessária uma mudança estrutural.

4.5. BALANCED SCORECARD (BSC)

Desenvolvida na Escola de Negócios de Harvard: não foi criada para o Serviço Público; por conta disso, existem adaptações.

Essa técnica foi implementada nos anos 90 (Ref. Gerencial)

Objetivos:

Desburocratização; não retirar totalmente, mas apenas a burocracia redundante, excessiva, desnecessária; apresentação dos objetivos estratégicos aos membros da organização

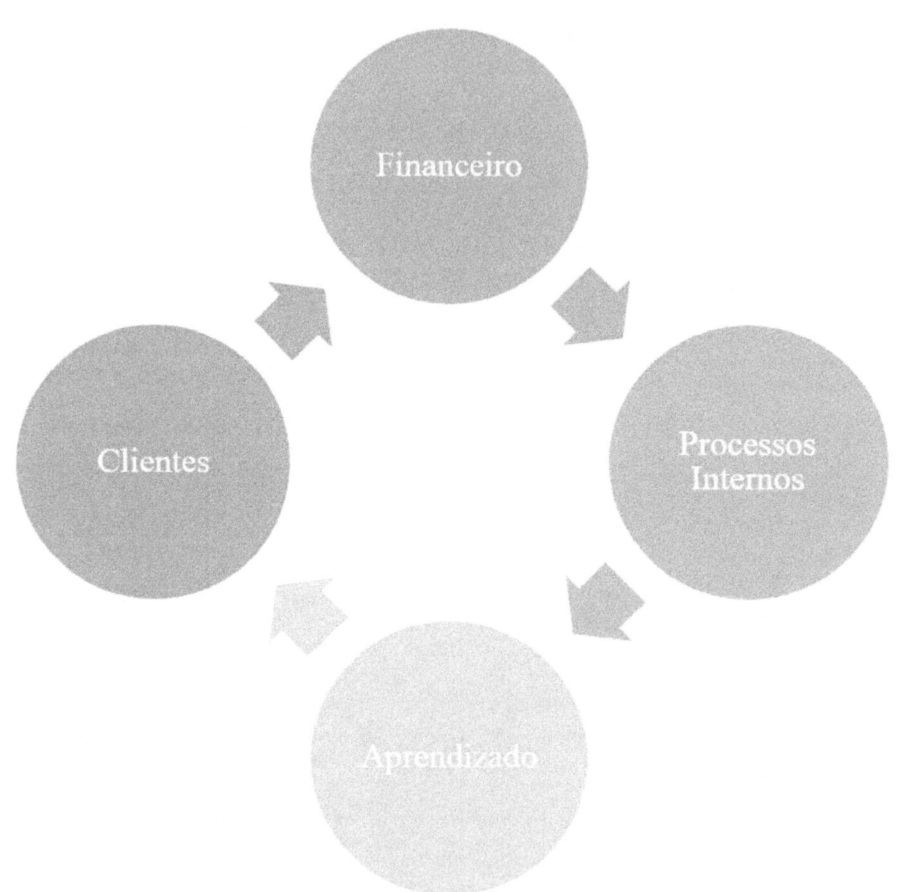

Temos as seguintes perspectivas:

- Financeiro
- Processos Internos

• Aprendizado
• Clientes

Valores e Objetivos no centro das 4 perspectivas

O BSC e suas perspectivas clássicas podem ser adaptadas a qualquer tipo de organização. Ele é considerado uma das metodologias mais utilizadas para viabilizar a avaliação e mensuração do desempenho das instituições, tanto privadas como governamentais, o BSC alinha a missão, visão e estratégias a um conjunto equilibrado de indicadores, financeiros e não financeiros.[vii]

4.6. COMPETIÇÃO E MERCADO – MICHAEL PORTER

5 FORÇAS DE PORTER

Forças Positivas
- ✓ Rivalidade
- ✓ Diminuir a barganha do fornecedor (ter vários fornecedores)
- ✓ Necessidades do Cliente

Forças Negativas
- ✓ Ameaça de produtos substituídos
- ✓ Ameaça de novos concorrentes

❖ Estratégias de Competitividade

- ✓ Custo
  - ■ Produção em grandes volumes
  - ■ Minimizar gastos

- ✓ Diferenciação
  - ■ Investir na imagem
  - ■ Produtos diferenciadas

- ✓ Foco
  - ■ Escolher segmentos ou nichos

1. Rivalidade entre concorrentes: considera-se a competição entre os concorrentes diretos, ou seja, os que **vendem o mesmo produto**.

2. Ameaça de novos entrantes: a empresa analisa antes a atividade dos concorrentes e **quais barreiras existem contra sua entrada**.

3. Barganha dos clientes: os **clientes** possuem **poder de decisão**, aqui eles avaliam o preço, os atributos do produto e a qualidade.

4. Barganha dos fornecedores: se diferencia da dos clientes nos aspectos de **fornecimento dos insumos** e quando o **produto é exclusivo**.

5. Ameaça de produtos substitutos: aqueles que **não são os mesmos** produtos que o seu, mas **atendem à mesma necessidade**, eles não competem com a mesma intensidade que os concorrentes primários, mas ainda são relevantes.

Conforme deu para notar, a partir das 5 forças são geradas as estratégias, cujo mnemônico seria (**LIFODI**):

1) **Li**derança de custos: Tenho a melhor eficiência operacional possível e isso reflete em preços imbatíveis. **Ex:** Companhia Aérea Ryanair.

2) **Fo**co: Enfatizar uma **clientela** específica. **Ex:** Lacoste.

3) **Di**ferenciação: Enfatizar um **produto** específico. **Ex:** Ferrari.

4.6.1. MAPA DO BSC

➤ Mapa → em uma única folha está todo o mapa estratégico (antigamente eram muitas folhas em formato de texto, encadernado – ninguém lia)

- ◦ Fluxograma:
    - ■ Comunicação
    - ■ Alinhamento
    - ■ Tradução (para membros de departamentos distintos possam entender – linguagem que pode ser compreendida)
        - • Evitar o uso EXAGERADO de:
            - ◦ Linguagem técnica
            - ◦ Coloquial
            - ◦ Culta formal
            - ◦ Regional

DISFUNÇÃO

➤ Desmotivação pela comparação
- ◦ O funcionário B consegue visualizar que o funcionário A está com responsabilidades/tarefas mais interessantes do que o B.

4.7. OUTROS PONTOS IMPORTANTES

FUNÇÃO CONTROLE

- ➤ Teoria Clássica da Administração (Henry Fayol)
    - ◦ Funções do ADMINISTRADOR
        - ▪ PO3C
            - • Prever (Planejar)
            - • Organizar
            - • Controlar
            - • Coordenar
            - • Comandar

- ➤ Teoria Neoclássica da Administração (Vários Teóricos, o principal: Peter Drucker)
    - ◦ PODC

- ➤ Quem é controlado?
    - ◦ O Servidor
    - ◦ O Órgão
    - ◦ O Poder

- ➤ Por que controlar?
    - ◦ Por Iniciativa
    - ◦ Provocado

- ➤ Tipo de controle:
    - ◦ Do Mérito
    - ◦ Da Legalidade

- ➤ Escopo do Controle (abrangência)
    - ◦ Interno
    - ◦ Externo
    - ◦ Externo da Sociedade (ação popular)

- ➤ Momento do Controle
    - ◦ À priori (modelo burocrático)

- **■** Vinculado a tarefas
- ○ Concomitante
  - **■** Ação – não vinculado a um modelo
- ○ À posteriori (modelo gerencial)
  - **■** Controle de resultados

➢ Exemplos de Controle
- ○ TCU
- ○ Orçamentário
- ○ Accountability
- ○ Governança

4.7.1. COMUNICAÇÃO ORGANIZACIONAL

➢ Vinculada ao Método
  - Tome cuidado com questões de Comunicação vinculada ao **atendimento** que é outra matéria (não cai para tribunais)
    - Vinculada ao atendimento tem a ver com comportamento, postura, tom de voz...

➢ Escopo da Comunicação
  - Extra organizacional
  - Intra-organizacional

➢ Tipos de Comunicação
  - Formal
    - Documental (consequência legal)
    - Publicação de Editais, memorandos, ofícios
    - Pode ser verbal
      - Pronunciamento do Presidente da República, ou autoridade policial, tal como uma ordem.

  - Informal
    - Verbal (sem consequência jurídica)
      - Conversa entre servidores
    - Pode ser documental
      - Escrita: lista de presentes de festa de amigo secreto, lista de itens para comprar na padaria.

NOVOS MEIOS DE COMUNICAÇÃO

➢ Redes sociais
  - Facebook
  - Twitter

➢ E-Democracia
  ◦ Portal do congresso nacional
  ◦ Entrar em contato com algum representante

➢ VOIP
  ◦ Voz por IP
  ◦ Skype

RESULTADOS DA COMUNICAÇÃO ORGANIZACIONAL

➢ Sinergia
➢ Tradução (para que membros de departamentos distintos possam entender – linguagem que possa ser compreendida)
  ◦ Evitar o uso EXAGERADO de:
    ■ Linguagem técnica
    ■ Coloquial
    ■ Culta formal
    ■ Regional

➢ Alinhamento
➢ Transparência

REDES ORGANIZACIONAIS

➢ Voluntária
➢ Horizontal (sem relação de chefia uns com os outros)
➢ Celeridade

Na comunicação, redes são sistemas organizacionais que têm a capacidade de agregar pessoas, de forma flexível e participativa, por meio de interesses comuns. Flexíveis e estabelecidas horizontalmente, as redes organizacionais partem da premissa do trabalho colaborativo. É possível que exista uma indefinição sobre responsabilidades e comando, e pode ser criada em um departamento, na organização ou mesmo entre organizações distintas.

5. ESTRUTURA ORGANIZACIONAL

ESTRUTURAS

- Não confundir com Departamentalização
- Após a Estrutura definida, vem a Departamentalização
- Estrutura Organizacional

- Tem relação direta com a **hierarquia** e as funções atribuídas
- **Organograma** → cadeia de comando

- *Estrutura formal:*

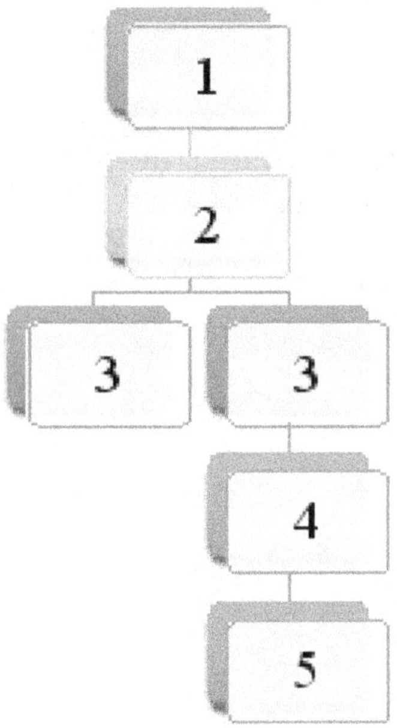

Também chamada de estrutura Vertical

- *Estrutura informal:*

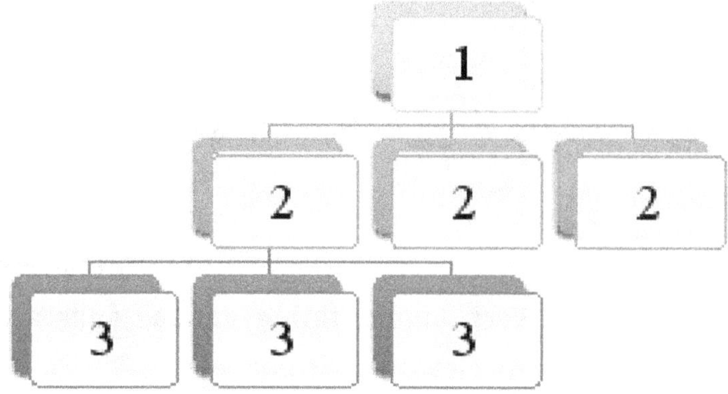

- Vantagens:
  - Aproximação do nível diretivo e nível operacional
  - Aumento do número de atores no processo decisório
    - Aumento da Motivação

- Desvantagens
  - Desvio dos objetivos estratégicos
  - Falta de celeridade

- *Cadeia de Comando:*

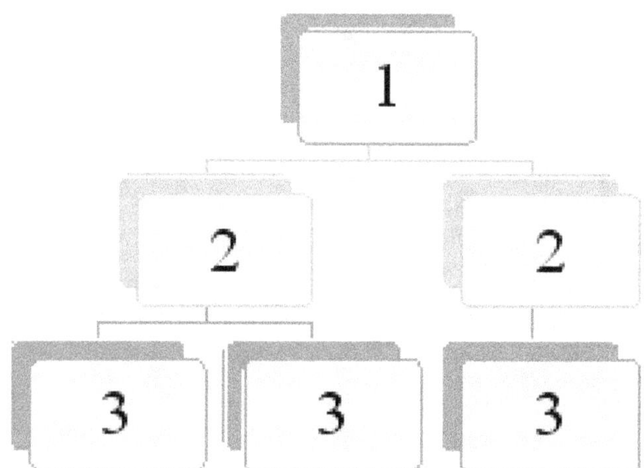

- Quanto mais subir na cadeia de comando, menor o número de subordinados diretos
- Quanto mais descer na cadeia de comando, maior é o número de subordinados diretos

5.1. GLOBALIZAÇÃO NAS EMPRESAS – PETER DRUCKER

- Peter Drucker
  - Não confundir com a Teoria Neoclássica
    - Peter Drucker foi um forte influenciador desta Teoria.

- Globalização nas Empresas

- Premissas
  - Combate ao monopólio
  - Criar referência externa
  - Aprender constantemente com o mercado
- Bases
  - Oferecer o produto certo
  - Oferecer o produto na hora certa
  - Focar o produto para o público certo
  - Oferecer o produto nas melhores condições
- Economiza com publicidade e propaganda

- Ensinamentos
  - Autogerenciamento
    - Mudanças nas estruturas
    - Tipo de conhecimento necessário
    - Tipo de pessoas

- Ensinamentos
  - Líderes eficazes (não é o chefe, porém nada impede que seja)
    - Conhecimento (saber qual é o capital intelectual da organização)
      - Prática
      - Ação

- Disciplina da Inovação
  - Ocorrência Inesperada
  - Incongruências
  - Processos Necessários
  - Mudanças

5.2. PROCESSO ADMINISTRATIVO

EVOLUÇÃO

- Teoria Clássica → Fayol
    - Prever
    - Organizar
    - Comandar
    - Coordenar
    - Controlar

- Teoria Neoclássica → Peter Drucker
    - Planejamento
    - Organização
    - Direção
    - Controle

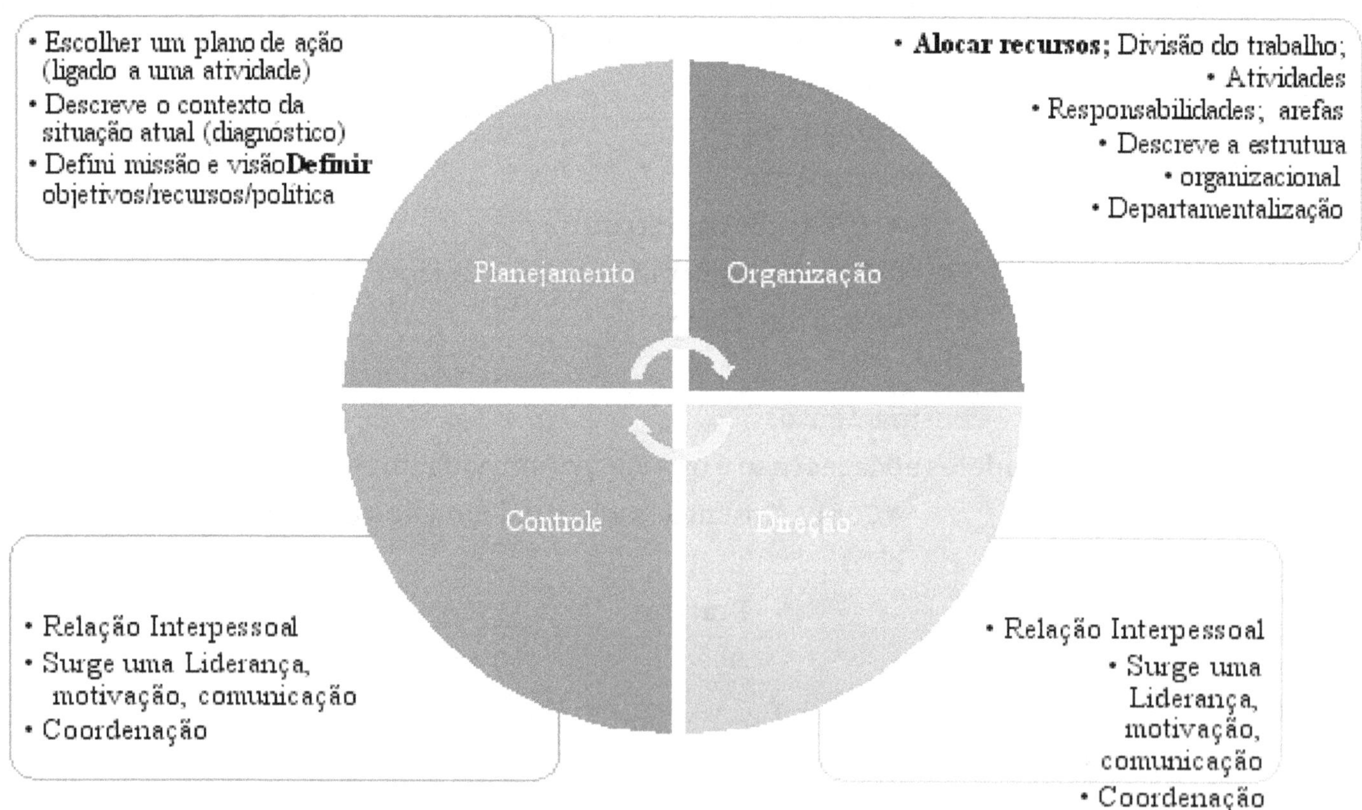

- Processo Administrativo

◦ Conjunto de funções

• Função administrativa
    ◦ Isoladamente

• Características do Processo Administrativo
1. Cíclico/Repetitivo **(PODC)**
2. Interativo (inter-relacionadas)
3. Iterativo (pode começar por outra função)
4. Sistêmico (Totalidade/Globalidade)

• Não existe hierarquia entre as funções
• Não precisa começar por planejamento
❖ Se a questão mencionar Sequência
    • Nesse caso necessariamente começará por planejamento → PODC

5.3. FUNÇÕES

Planejamento

- **Definir** objetivos/recursos/política
- Escolher um plano de ação (ligado a uma atividade)
- Descreve o contexto da situação atual (diagnóstico)
  ◦ Ambiente interno e externo
- Definir missão e visão

Organização

- Alocar recursos
- Divisão do trabalho
  ◦ Atividades
  ◦ Responsabilidades
  ◦ Tarefas
- Descreve a estrutura organizacional
  ◦ Departamentalização

Direção

- Relação Interpessoal
  ◦ Surge uma Liderança, motivação, comunicação
- Coordenação

Controle

- Medir e corrigir as atividades
  ◦ Através de uma avaliação de desempenho
- Comparação, acompanhamento, monitoração

5.4. ORGANIZAÇÃO (ESTRUTURA ORGANIZACIONAL)

➢ Conceito

- Função Administrativa (aloca recursos)
  - Divisão do trabalho
  - ✓ Atividades
  - ✓ Tarefas
  - ✓ Responsabilidades
  - Estruturas Organizacionais
  - ✓ Departamentalização
- Entidade
  - Pública → Cidadão
  - Privada → Lucro

➢ Elementos

- Objetivo Organizacional
- Recursos
- Pessoas
- Estrutura Organizacional

➢ Tipos

- Formal (organograma)
  - Representação gráfica
  - ✓ Divisão do trabalho
  - ✓ Processo de Comunicação
  - ✓ Níveis Hierárquicos
- Informal
  - Rede de relações pessoais (espontânea)
  - Ex.: Grau de amizade

DIVISÃO DO TRABALHO

É a especialização do trabalho. É o grau em que as tarefas organizacionais são divididas e fragmentadas em atividades separadas. Os empregados, dentro de cada unidade organizacional, desempenham somente as tarefas relevantes à sua função especializada. Quando a especialização do trabalho é exagerada, os empregados se especializam em tarefas simples e repetitivas, por isso, muitas organizações estão abandonando esse princípio, ampliando cargos para proporcionar maiores desafios e atribuindo tarefas a equipes de modo que os empregados façam rotação entre as várias tarefas desempenhadas pela equipe.[3]

Divisão do **trabalho** corresponde à especialização de tarefas com funções específicas, com finalidade de dinamizar e otimizar a produção industrial. Esse processo produz eficiência e rapidez ao sistema produtivo.

COMPONENTES (ELEMENTOS) DA ESTRUTURA ORGANIZACIONAL

1. Formalização
   - Regras/Normas/Regulamentos
2. Especialização
   - Divisão do Trabalho
     - Horizontal
       - ❖ Departamentalização
       - ❖ Maior especialização
     - Vertical
       - ❖ Número de níveis hierárquicos
       - ❖ Menor especialização
3. Centralização/Descentralização
   - Centralização
     - Tomada de decisão ocorre no "topo"
   - **Descentralização**
     - **Ocorre de Forma Espalhada nos diversos níveis hierárquicos → estrutura organizacional**
4. Amplitude de controle (Amplitude Administrativa)
   - Número de pessoas que se reporta a um único chefe hierárquico
   - OBS.: Ligado ao Princípio da unidade de comando
     - **Amplitude**
       - ❖ Estreita
         - Centralizada

- Vertical
- Mais Regras

❖ Larga

- Descentralizada
- Horizontal
- Menos Regras

5. Cadeia de Comando

○ Vai do **topo** até a **base**

○ OBS.: Ligado ao Princípio da unidade de comando

6. Delegação

○ Processo de transferência

- Atividades
- Poder para uma tomada de decisão

❖ Temporária

5.5. DEPARTAMENTALIZAÇÃO

A **departamentalização das organizações** corresponde ao agrupamento de atividades logicamente em órgãos, bem como a divisão dos órgãos em unidades menores, segundo os seguintes critérios:

- ✓ Departamentalização **Funcional**;
- ✓ Departamentalização por **produtos**;
- ✓ Departamentalização por **serviços**;
- ✓ Departamentalização por **processos**;
- ✓ Departamentalização por **clientes**;
- ✓ Departamentalização **geográfica**.

- • Agrupamento de **atividades** (pessoas que as executam)
  - ➢ Atividades funcionais especializadas
    - ✓ Essas atividades quando concernentes ao mesmo departamento são homogêneas
      - • Mas para análise de atividades de fora do departamento, serão heterogêneas
- • OBS.: Princípio que rege a Departamentalização → Princípio da Homogeneidade

TIPOS DE DEPARTAMENTO

- ➢ 1 - Funcional
  - ✓ Teoria Clássica (Fayol)
  - ✓ Especialização
  - ✓ Exemplo: financeiro/vendas/RH

- ➢ 2 - Geográfico
  - ✓ Explora determinada área de mercado
  - ✓ Descentralizada
    - • Mais custos ($$$)
  - ✓ As necessidades dos clientes são diferentes

- ➢ 3 - Cliente
  - ✓ Segmentação do Mercado
    - • As necessidades dos clientes são **diferentes**

- ➤ 4 - Produto/Serviço
  - ✓ <u>Não</u> segmenta o Mercado
    - · As necessidades dos clientes são **iguais**

- ➤ 5 – Processo
  - ✓ Fluxo de atividade → produto/serviço
    - · Fluxograma
  - ✓ Pode existir sub-processos

- ➤ **6 - Projeto** → fluxo de atividades
  - ✓ Temporário
  - ✓ Exclusivo
  - ✓ Não repetitivo

- ➤ 7 - Matricial (mais cobrada em prova)
  - ✓ Somatório
    - · Funcional

    +

    - · <u>Projeto</u> (ou produto)
      - ❖ Chamado de Produto por Djalma de Oliveira
  - ✓ Equipes Multifuncionais
  - ✓ <u>Obs</u>.: **Fere** o Princípio da unidade de comando
    - · Já que possui 2 chefes hierárquicos
  - ✓ Formato Grade → Matriz

- ➤ 8 – Misto/Híbrido/Combinado
  - ✓ Somatório de vários departamentos
    - · Cada organização pode montar uma estrutura que seja adequada a sua realidade
  - ✓ Não tem os departamentos definidos
    - · Essa é a diferença entre MISTO (qualquer) e MATRICIAL (funcional + projeto)

5.5.1. TIPOS DE DEPARTAMENTALIZAÇÃO

DEPARTAMENTALIZAÇÃO POR FUNÇÃO

Esse é um dos tipos de abordagem mais comum que existem. Nesse caso, são criadas áreas na empresa agrupando pessoas especialistas em determinada atividade.

Conforme já cobrado pela Banca Cespe, não é o mais apropriado para atender às necessidades das organizações modernas na prestação de serviços em ambientes globalizados.

VANTAGENS:

- especialização do trabalho
- possibilita economia de escola
- maior concentração de recursos especializados
- definição satisfatória de responsabilidades e das competências
- orientação específica, facilitando o treinamento e o desenvolvimento
- aumenta o nível de auto-orientação

Melhora a coordenação intradepartamental, que é a facilidade de contatos e comunicações dentro de um mesmo departamento, pois existe um compartilhamento de um mesmo conhecimento técnico.

Incentiva à especialização técnica, pois estabelece carreiras para os especialistas dentro de sua área de especialização, supervisionando-os por meio de pessoas de sua própria especialidade.

Orienta as pessoas para uma específica atividade, concentrando sua capacidade de maneira eficaz, garantindo o máximo de utilização das habilidades técnicas, simplificando o treinamento do pessoal.

Ocorre uma redução de custos, devido ao trabalho em um mesmo tipo de tarefa em conjunto.

DESVANTAGENS

- ❖ pouca flexibilidade ("feudos de especialização")
- ❖ déficit na comunicação entre as áreas
- ❖ redução de cooperação interdepartamental
- ❖ baixa visão sistêmica

A cooperação e comunicação interdepartamental, que é o contato e comunicação entre diferentes departamentos, é reduzida, em decorrência do isolamento em relação aos outros departamentos, pois cada departamento funcional possui seus próprios objetivos e prioridades. Com isso, sob pressão, criam-se diversas barreiras e conflitos entre os outros departamentos. Também geram limitações de autoridade e tomadas de decisões dos administradores.

Dificulta a adaptação e flexibilidade a mudanças externas, pois a abordagem é interna e não visualiza o que acontece no ambiente externo da organização ou de outro departamento. É inadequada quando a tecnologia e as circunstâncias externas são mutáveis ou imprevisíveis.

Devido à focalização interna de cada departamento e não sobre os objetivos globais da organização, existe uma carência de estruturas próprias de coordenação do andamento do trabalho, levando os problemas de coordenação para os níveis mais elevados da organização.

A estrutura funcional tende a ser muito burocratizada, o que requer uma estrutura administrativa mais elaborada, com um número maior de níveis hierárquicos.

DEPARTAMENTALIZAÇÃO MATRICIAL:

Essa é uma combinação da departamentalização funcional com uma de outro tipo. Essa outra pode ser por projetos, por produtos, serviços, clientes ou localização geográfica. Na realidade, nesse tipo de divisão, a empresa mantém a estrutura funcional para atividades internas e adota a departamentalização divisional para os projetos ou produtos/serviços ofertados. É muito comum ver esse tipo de estrutura em consultorias, agências de publicidade e empresas similares.

Vantagens

- Equilíbrio entre projetos
- Promoção da comunicação entre áreas funcionais

Desvantagens

- Possibilidade de haver excesso de atribuições a determinado funcionário
- Conflito de prioridades

DEPARTAMENTALIZAÇÃO POR PROCESSOS:

Nesse caso, a maior preocupação para a organização de setores na empresa vai ser no processo de produção. Os exemplos mais óbvios desse tipo de departamentalização são as fábricas e montadoras de carros.

Vantagens

- maior rapidez e facilidade nos fluxos de comunicação
- grande especialização do processo de trabalho
- melhor para empresas de equipamentos complexos e tecnológicos

Desvantagens

- pouca flexibilidade
- perda da visão geral do processo

PRODUTOS OU SERVIÇOS:

Esse tipo de departamentalização é similar à abordagem por clientes, já que a empresa se organiza agrupando seus colaboradores dentro de áreas específicas. A única diferença é que nesse caso, ao invés do foco ser um tipo de cliente, o foco passa a ser nos tipos de produtos oferecidos pela empresa.

Vantagens

- ambiente favorável à inovação
- flexibilidade (foco está na etapa final do processo produtivo)
- boa comunicação nas subunidades de um produto

Desvantagens

- possibilidade de haver duplicidade de atividades nas divisões
- comunicação deficiente entre as divisões por produtos
- comunicação em um produto = boa
- comunicação entre produtos = deficiente

DEPARTAMENTALIZAÇÃO POR PROJETOS:

Na departamentalização por projetos, os colaboradores vão receber atribuições temporárias dentro de projetos. Isso ocorre, porque como você bem sabe um projeto tem início, meio e fim. Assim, as funções só vão existir enquanto o projeto existir. Depois disso pode ocorrer alocação em outros projetos e por aí vai. Dois exemplos clássicos são os de consultorias e de agências de publicidade.

Vantagens

- melhor controle de prazos e de recursos
- melhor atendimento ao cliente do projeto
- delegação de responsabilidade para a equipe
- propicia inovação

Desvantagens

- possibilidade de haver duplicidade de atividades nas divisões
- pouca comunicação entre as equipes envolvidas em projetos DISTINTOS
- insegurança quanto à estabilidade no emprego (devido ao fim do projeto)

DEPARTAMENTALIZAÇÃO POR CLIENTES:

Quando uma empresa conhece tão bem os seus clientes que se organiza para concentrar os esforços nos atributos e necessidades do seu público, ela provavelmente vai utilizar a departamentalização por clientes. Um exemplo clássico são as lojas de departamentos.

Vantagens:

> • foco em um segmento do mercado, adaptação essencial às necessidades dos clientes.

Desvantagens

> • dificuldade de coordenação entre os departamentos (subunidade autônomas);
> • concorrência entre gerentes nem sempre é benéfica.

DEPARTAMENTALIZAÇÃO GEOGRÁFICA OU TERRITORIAL:

Como o próprio nome já diz, a abordagem territorial vai dividir a empresa de acordo com os locais onde ela atua. Ela é muito comum em empresas que possuem filiais em áreas ou regiões diferentes. Nesses casos, apesar de possuírem áreas unificadas, o foco é em prestar atenção nas características de cada região. Essa abordagem é especialmente positiva para não errar na alocação de produtos em regiões onde ele não tem aderência e propagandas mais direcionadas ao comportamento local.

Vantagens:

> • conhecer melhor os problemas de cada região
> • maior velocidade de resposta
> • maior flexibilização

Desvantagens:

> • duplicidade de estruturas e de funções
> • dificuldade de coordenação entre as regionais
> • pouca comunicação entre as regionais

5.6. TIPOS DE ESTRUTURAS

ESTRUTURA LINEAR

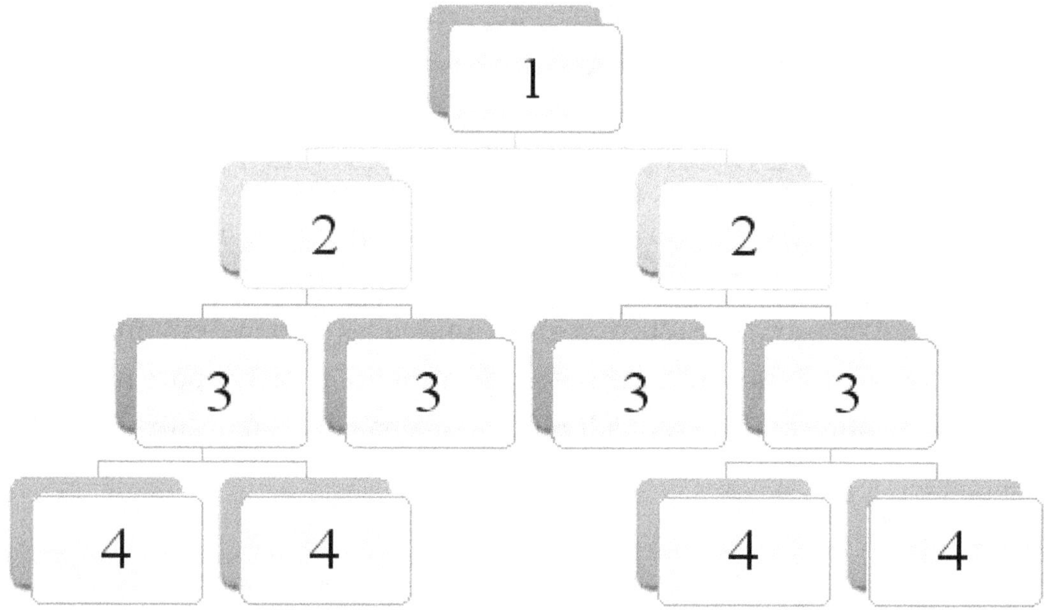

- Linha clara de hierarquia
- Comunicação formal
- Aspectos formais
- Verticalização – Amplitude de controle estreita

ESTRUTURA FUNCIONAL

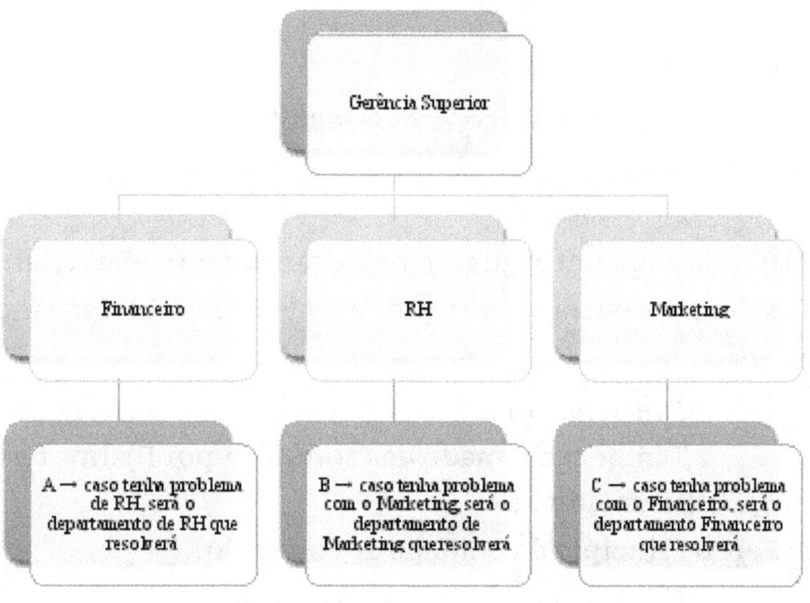

• Há uma Especialização

ESTRUTURA LINHA/STAFF

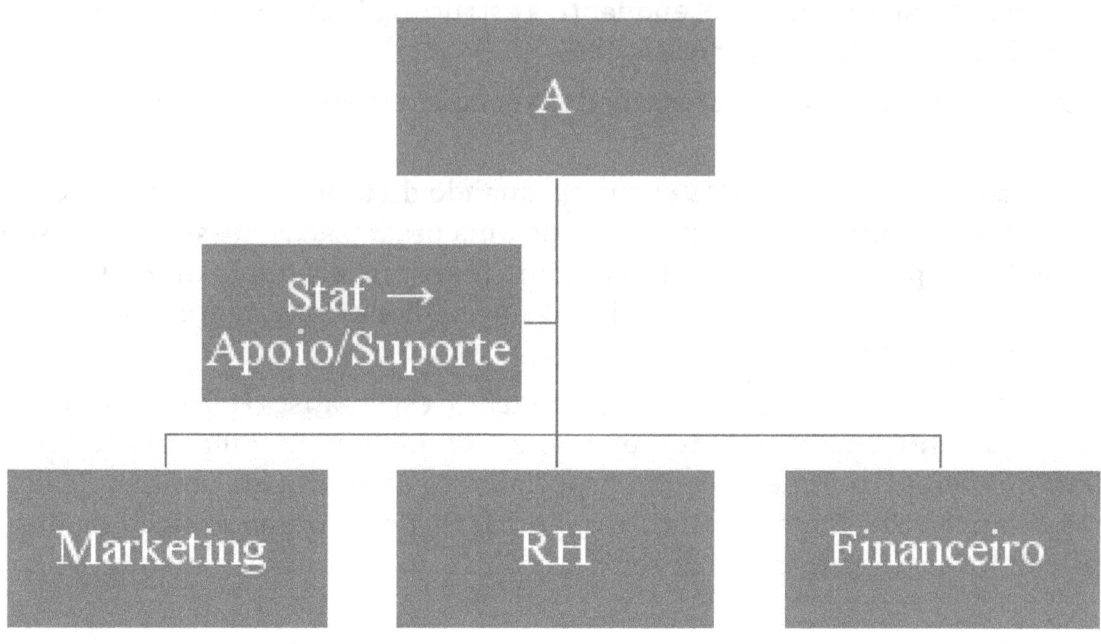

✓ Somatório:
- ■ Estrutura Linear + Estrutura Funcional

➢ Estrutura Divisional
  ✓ Relação de produto/Serviço/Área Geográfica
  ✓ Faz uma divisão:

➢ Estrutura Matricial (conceito igual ao de Departamento Matricial, porém Departamento é uma coisa, estrutura é outra – para a prova pode-se considerar a mesma coisa)
  ✓ Somatório
    · *Funcional + Projeto*
    · Também chamado de Produto → por Djalma de Oliveira
  ✓ Equipes Multifuncionais
  ✓ Obs.: **Fere** o Princípio da unidade de comando
    · Já que possui 2 chefes hierárquicos
  ✓ Formato Grade → Matriz

A estrutura matricial, também chamada de mista ou híbrida é a combinação de duas formas de departamentalização a funcional com a departamentalização de produto ou projeto - na mesma estrutura organizacional.

Possui um **esquema participativo e flexível**, pois depende da colaboração das pessoas envolvidas e **enfatiza o inter-relacionamento de especialidades**. A estrutura funcional enfatiza a especialização, mas não enfatiza o negócio, enquanto a estrutura de produto/projeto enfatiza o negócio, mas não enfatiza a especialização de funções.

O desenho matricial permite satisfazer duas necessidades da organização: especialização e coordenação.

Nas palavras de Vasconcellos (1989, p. 51) quando duas ou mais formas de estrutura são utilizadas simultaneamente sobre os membros de uma organização, a estrutura resultante chama-se matricial. Um aspecto particular da estrutura matricial é a dupla ou múltipla subordinação. Um determinado especialista responde simultaneamente a um gerente funcional e a um gerente de projetos, por exemplo.

Já Maximiano (1986, p. 168), neste modelo ideal, o especialista tem compromissos funcionais em seu departamento e ao mesmo tempo está envolvido em um ou mais projetos, ou seja, cada departamento oferece, por meio de seus especialistas, determinada contribuição técnica para a realização dos projetos. Estes especialistas, portanto, ficam numa posição de dupla subordinação: estão subordinados ao gerente de seu departamento e, simultaneamente, ao coordenador do projeto.

Para **Cury (2010)**, **as características da estrutura matricial são**: ser multidimensional; permanente; adaptativa, portanto, flexível; resultado da combinação da clássica estrutura vertical funcional tradicional com uma estrutura horizontal de coordenadores de projetos/produtos; e trata de maximizar as virtudes e minimizar os defeitos das estruturas anteriores. [4]

➢ Estrutura em Rede

- ✓ Estrutura flexível
- ✓ Estrutura complexa (alto grau de especialização)
- ✓ Redução de custos
- ✓ Qualidade de produtos
- ✓ Parceria entre Fornecedores
  - Uso da tecnologia da informação

5.7. EVOLUÇÃO DOS DESENHOS ORGANIZACIONAIS

MODELO MECANICISTA

- Modelo Mecanicista → downsizing → Modelo Orgânico
  - Downsizing: redução do número de níveis hierárquicos

- Modelo Mecanicista → <u>centralizado</u>
  - Evolução do Conceito:
    - Estrutura Linear
    - Estrutura Funcional
    - Estrutura Linha Staff
    - Estrutura Divisional
    - Estrutura Matricial
    - Estrutura em Rede

  - Até chegar no Modelo Orgânico → descentralizado
  - ✓ Pensamento hoje
  - ✓ Teoria Contingencial
    - *Fatores/variáveis que influenciam ou propriamente condicionam a estrutura:*
      - Tarefas
      - Estrutura
      - Pessoas
      - Ambiente
      - Tecnologia
      - Mais competitividade
      - Culta
      - Produto/Serviço
      - Estratégia

NO MODELO MECANICISTA **TEM-SE O FORMATO PIRAMIDAL:**

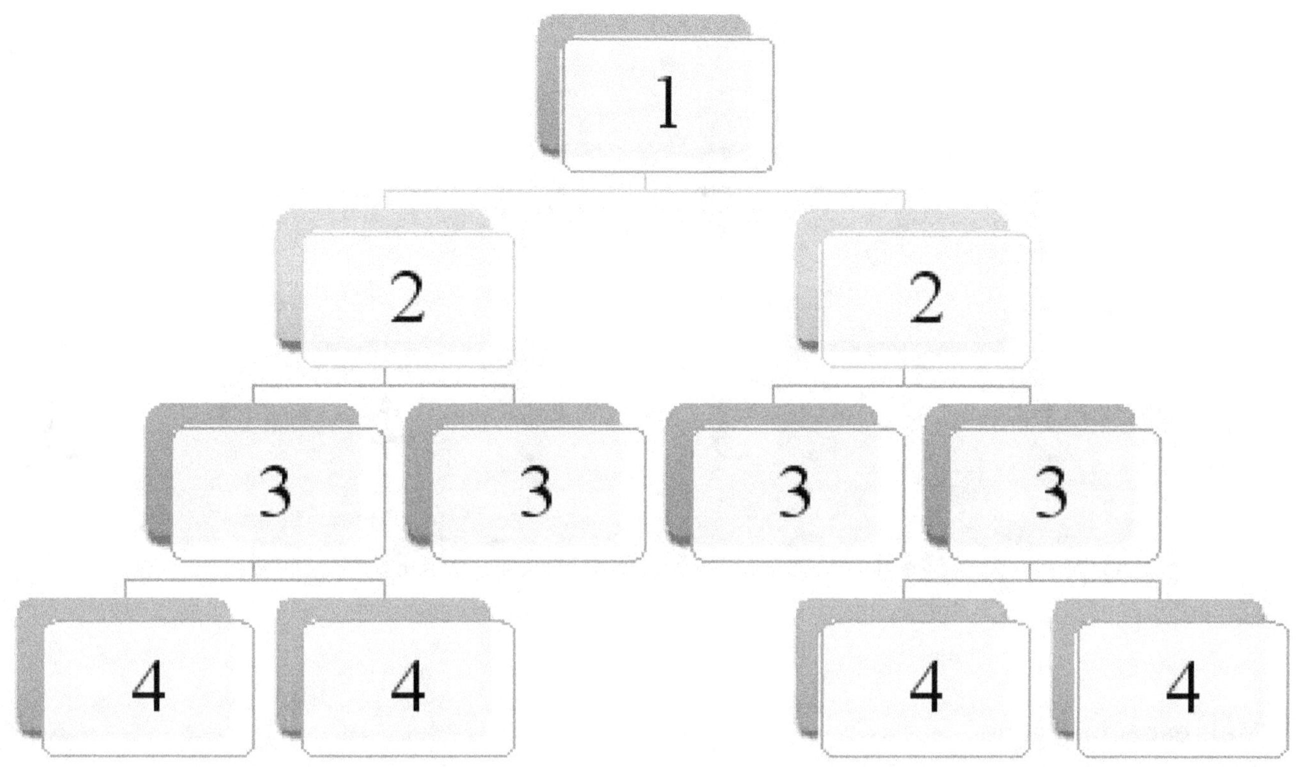

- Centralização
- Verticalização
- Hierarquização
- Amplitude Adm. Estreita
- Controle Rígido
- Comunicação Formal

NO **MODELO ORGÂNICO** TEM-SE UM FORMATO **<u>ACHATADO</u>**:

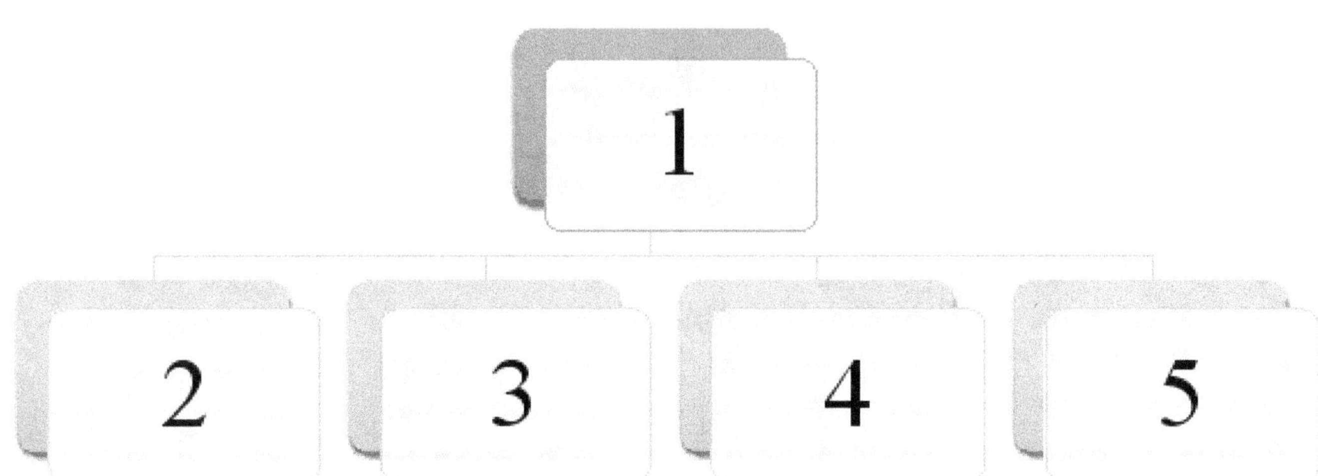

Mais especialização

- Descentralização
- Horizontalização
- Baixa Hierarquia
- Amplitude Administrativa Larga
- Controle Flexível
- Comunicação Informal

5.8. TIPOLOGIA DAS ORGANIZAÇÕES

➢ Não existem duas organizações iguais
➢ As organizações são diferentes entre si e apresentam enorme variabilidade
➢ São tipologias (estudadas mais à frente)

TIPOLOGIA DE AMITAI ETZIONI

Visto como o Pai do estruturalismo

Baseada na obediência

Pode haver organizações com apenas um aspecto ou vários:

➢ Organizações coercitivas
  ✓ Força física punições
➢ Organizações Utilitárias
  ✓ Remuneração
➢ Organizações Normativas
  ✓ Consenso
  ✓ Controle moral
    · Motivação

TIPOLOGIA DE BLAU/SCOTT

Baseada no Beneficiário

➢ Os próprios membros da organização
➢ Os proprietários ou dirigentes da organização
➢ Os clientes da organização
➢ O público em geral

6. PROJETOS

- *Características de um Projeto*

✓ **Não repetitivo**

✓ **Sequência clara e lógica de eventos**
   - ❖ **com começo, meio e fim.**

✓ **Visa a atender um objetivo claro e definido**

✓ Conduzido dentro de parâmetros pré-definidos:
   - ❖ Tempo, custo, recursos envolvidos e qualidade

- Gestão de Projetos

✓ Finitude
   - ❖ Início, meio e fim

✓ Foco
   - ❖ Tem um objetivo claro e definido

✓ Singularidade
   - ❖ Visa à criação de um produto, serviço ou resultado único, com características exclusivas

✓ Limites
   - ❖ Possui parâmetros de custo, recursos, qualidade e tempo

✓ Incerteza
   - ❖ Como um projeto visa ao desenvolvimento de algo único e novo, sempre há um componente de incerteza, em menor ou maior grau, na sua execução

✓ Elaboração progressiva
   - ❖ Significa desenvolver em etapas e continuar por incrementos

✓ Interdisciplinaridade
   - ❖ O desenvolvimento de projetos requer uma gama de conhecimentos diferenciados. Ex.: qualidade, informática, custos e orçamentos

- Projetos e Operações

✓ Semelhanças
   - ❖ **Realizado por pessoas**
   - ❖ **Recursos limitados**
   - ❖ **Planejado, executado e controlado**

✓ Diferenças

❖ **Operações são contínuas e repetitivas; Projetos são temporários e exclusivos**

❖ **Projetos atingem seus objetivos e terminam; operações adotam um novo conjunto de objetivos e continuam.**

O que é gerenciamento de projetos?

Gerenciamento de projetos é a aplicação do conhecimento, habilidades, ferramentas e técnicas às atividades do projeto para atender aos seus requisitos. O gerenciamento de projetos é realizado por meio da aplicação e integração apropriadas dos processos de gerenciamento de projetos, logicamente agrupados em cinco grupos de processos. Esses cinco grupos de processos são:

- Iniciação;

- Planejamento;

- Execução;

- Monitoramento e controle;

- Encerramento.

O GERENCIAMENTO DE UM PROJETO NORMALMENTE INCLUI, MAS NÃO SE LIMITA:

➢ à identificação dos requisitos;

➢ à abordagem das diferentes necessidades, preocupações e expectativas das partes interessadas no planejamento e execução do projeto;

➢ ao estabelecimento, à manutenção e à execução de comunicações ativas, eficazes e colaborativas entre as partes interessadas;

➢ ao gerenciamento das partes interessadas visando ao atendimento dos requisitos do projeto e à criação das suas entregas;

➢ ao equilíbrio das restrições conflitantes do projeto que incluem, mas não se limitam: ao escopo, à qualidade, ao cronograma, ao orçamento, aos recursos, e aos riscos.

Conceitos:

Projeto é algo de execução única, não rotineira, com tempo de execução determinado, que envolve o dispêndio de esforços e recursos para se promover uma mudança ou criar algo totalmente novo, que pode ser um bem ou serviço.

No entendimento de Vargas (2002), projeto é "um empreendimento não repetitivo, caracterizado por uma sequência clara e lógica de eventos, com início, meio e fim, que se destina a atingir um objetivo claro, definido, sendo conduzido por pessoas dentro de parâmetros predefinidos de tempo, custo, recursos envolvidos e qualidade".

- PMI (Instituto de Gerenciamento de Projetos)

✓ Instituição que padronizou termos e conceitos e divulgou os conhecimento em gerência de projetos

-       PMBOK (Guia de Gestão de Projetos)
-       PMO

✓ Escritório de projetos

✓ Grupo de pessoas

-       PMP → Profissional

6.1.1. ESTIMATIVA PARAMÉTRICA:

➢ Para quando tiver certeza.

Estratégico (Diretivo) - Longo (Mais Genérico) - Macro desafios (

PMO (fica localizado entre o estratégico e o tático)

Tático (Gerencial) - Médio

Operacional (Técnico) - Curto (Mais detalhista)

PERT E CPM

A ideia básica do PERT e do CPM está na **identificação do caminho que consome mais tempo**, através da rede de atividades como base para o planejamento e o controle de um projeto. Tanto o PERT como o CPM **utilizam flechas e nós** para a construção gráfica do projeto. Outra diferença está associada à estimativa de tempo para a realização das atividades, onde **PERT** recorre às **TRÊS** estimativas de tempo: **otimista, pessimista e a mais provável**, para a realização de uma atividade, enquanto o **CPM** utiliza uma **ÚNICA** estimativa de tempo, a **mais provável**.

Macete:

CPM → valores deter**M**inístico.

PERT → valores **P**robabilísticos

PERT (Program Evaluation Review Technique)

A técnica de avaliação e revisão de programas é outro modelo de planejamento operacional. É bastante utilizada em atividades de produção e projetos de pesquisa e desenvolvimento. O modelo básico de PERT é um sistema lógico baseado em cinco elementos principais, a saber: uma rede básica, a alocação de recursos, as considerações de tempo e de espaço, a rede de caminhos e o caminho crítico. A rede básica é um diagrama de passos sequenciais que devem ser executados a fim de realizar um projeto ou tarefa. A rede consiste em três componentes: eventos, atividades e relações. Eventos representam os pontos de decisão ou cumprimento de alguma tarefa (são os círculos do PERT com números dentro deles). As atividades ocorrem entre os eventos e constituem os esforços físicos ou mentais requeridos para completar um evento e são representadas por flechas com números. As relações entre as tarefas básicas são indicadas pela sequência desejada de eventos e de atividades na rede. Para sua elaboração, o gráfico de PERT exige a montagem inicial de um quadro preparatório.

O PERT é um plano operacional que também permite acompanhar e avaliar o progresso dos programas e projetos em relação aos padrões de tempo predeterminados, constituindo também um esquema de controle e avaliação.[5]

6.1.2. COMPLEMENTO (PROJETOS)

CARACTERÍSTICAS DOS PROJETOS (PMBOK)

TEMPORALIDADE => todo projeto tem um início e um fim definidos;

OBJETIVIDADE => os projetos têm uma finalidade específica a ser atingida;

DURABILIDADE => em regra, os projetos têm resultados duradouros;

SINGULARIDADE => todo produto ou serviço gerado por um projeto é exclusivo e diferente de outros produtos e serviços;

PROGRESSIVIDADE => o projeto é desenvolvido em etapas de forma progressiva;

REALIZADO POR PESSOAS => são as pessoas que definem, planejam, executam e se beneficiam do projeto;

ENVOLVEM RECURSOS => os recursos para o projeto são LIMITADOS;

PLANEJAMENTO, EXECUÇÃO E CONTROLE => os projetos seguem o PLANO e o ESCOPO, sendo controlados e avaliados por seus resultados.

INFORMAÇÕES IMPORTANTE

O que é PMO?

Toda organização realiza projetos com alguns benefícios direcionados e a principal função de todo PMO é garantir que os projetos, programas e portfólios da organização sejam otimizados para atingir seus objetivos estratégicos. No entanto, a dinâmica de mudança de hoje levou os PMOs a assumirem papéis e responsabilidades maiores, desde o treinamento até a manutenção e até a direção de projetos para entregas bem-sucedidas.

Um PMO, também conhecido como Escritório de Gerenciamento de Projetos ou Escritório de Gerenciamento de Programas, é uma entidade que adota, reforça e mantém metodologias e processos padrão de gerenciamento de projetos dentro da organização.

Um PMO seria composto por pessoas familiarizadas com as diretrizes mencionadas no PM-BOK® ou PRINCE2, dependendo da região onde os serviços são necessários ou no caso de a organização ter uma inclinação específica para adotar uma dessas práticas. De acordo com o "Pulse of the

Profession" do PMI - edição 2017, o percentual de organizações com um PMO está testemunhando uma tendência ascendente. O número subiu de 61% em 2007 para 71% hoje. Além disso, as organizações que têm seus PMOs alinhados à estratégia da empresa relatam que 38% a mais de projetos são bem-sucedidos e 33% a menos de projetos acabando como as falhas. [6]

6.2. AVALIAÇÃO

MOMENTO DA AVALIAÇÃO

Achei interessante incluir no resumo, pois, apesar de intuitivo, pode gerar dúvidas no candidato que nunca se deparou com esses termos relacionados à matéria de gestão de projetos.

Avaliação Ex-Ante e Ex-Post

Caiu numa questão recente da prova Cespe (CESPE - 2020 - MPE-CE - Analista Ministerial – Administração):

> Com relação ao planejamento e à avaliação nas políticas públicas, julgue o item subsecutivo.
>
> Com a avaliação ex ante, é possível evitar erros de formulação e desenho em um projeto. – **Certa**

Saiba que a **avaliação ex-ante:** é a avaliação que acontece antes da implementação do projeto; avaliará diversos fatores, entre eles: se possui relevância, se é viável e coerente com os objetivos traçados.

Temos também a **avaliação ex-post:** é uma avaliação feita no final do projeto, em que é avaliado os impactos, além de constatar se houve efetividade e eficiência. Essas avaliações são mais onerosas, pois necessitam levantamento de dados primários, o que será ainda mais difícil se a empresa não dispuser de um sistema adequado para gestão dessas informações. [viii]

TIPOS DE AVALIAÇÃO

Avaliação Diagnóstica: tem a intenção de averiguar todo o contexto prévio com o intuito de estabelecer as metas que se deve alcançar. Será necessário que exista uma proposta ou diretriz para que haja avaliação.

Avaliação Formativa: o foco aqui é no processo. Essa avaliação propõe avaliar o contexto desde o seu início até o seu término verificando se há necessidade de alterações.

Avaliação Somativa ou Classificatória: com o foco no resultado final. Um bom exemplo é o resultado de um concurso público que ensejará a possibilidade de nomeação.

As questões da banca CESPE são muito didáticas.

Veja como esse conteúdo caiu em prova (2020, MPE-CE, Analista Ministerial):

> Com relação a planejamento e avaliação nas políticas públicas, julgue o item subsecutivo.
>
> Avaliações formativas tem foco em processos, na implementação de uma política pública. – **Certo**

Avaliação Formativa → processo

Avaliação Somativa → resultado

MODELO LÓGICO

O Modelo Lógico é uma metodologia utilizada para apresentar visualmente um programa e, assim, aumentar o seu entendimento.

O Modelo Lógico é composto por:

- Recursos (Insumos);
- Processos (Atividades);
- Produtos, Resultados e Impactos.

Segundo Gonzales, os elementos do modelo lógico são: [ix]

- inputs,
- atividades,
- outputs,
- resultados intermediários e resultados finais, e
- as hipóteses que suportam essas relações e as influências das variáveis relevantes de contexto.

6.3. PMBOK

PRINCIPAIS TÉCNICAS PARA MAPEAMENTO DE PROCESSOS

Segundo DE MELLO (2008, p. 27), a literatura apresenta algumas técnicas de mapeamento com diferentes enfoques tornando a correta interpretação destas técnicas fundamental no processo de mapeamento.

Dentre as diversas técnicas de mapeamento podemos citar:

SIPOC

O SIPOC é uma ferramenta que consiste na identificação clara dos elementos dos processos, incluindo o próprio processo, suas entradas e saídas, além dos clientes e fornecedores do processo.

Trata-se de uma técnica utilizada antes mesmo de o trabalho. Ela é anterior à construção de um mapa do processo ou fluxograma, pois ela identifica os fornecedores, a entrada dos insumos da empresa, todo o conjunto de atividades de processamento (tais como transporte, montagem, armazenamento etc.), os produtos finais do processo e a destinação para os clientes.

Discutindo a técnica, Lobato e Lima (2010, p. 350) apresentam os seguintes conceitos, segundo Mello et. Al. (2002): fornecedor é aquele que propicia as entradas necessárias, podendo ser interno e externo; entrada é o que será transformado na execução do processo; processo é a representação esquemática da sequência de atividades que levam a um resultado esperado; saída é o produto ou serviço como solicitado pelo cliente; cliente é quem recebe o produto ou serviço.

BLUEPRINTING

Retratar o processo no ponto de vista no cliente.

É uma técnica que permite retratar o processo de serviço, os pontos de contato e as evidências físicas de um serviço do ponto de vista do cliente. É uma verdadeira "impressão digital" do processo, representando um verdadeiro mapa das transações em um processo de prestação de serviço.

Segundo Frazzon et al. (2014) "O uso do Service Blueprint surgiu como uma técnica para identificação de pontos de falha no processo, porém seu uso foi expandido para a área estratégica, pois ele também permite identificar as áreas prioritárias para o cumprimento dos objetivos operacionais estratégicas da organização (GIANESI; CORREA, 1994). Assim como contribui para decisões referentes ao posicionamento estratégico da organização de serviços (SHOSTACK, 1987)".

Essa ferramenta possibilita uma visualização de todo o processo de serviço em um diagrama, especialmente dos encontros de serviço com o cliente, também chamados de momentos da verdade, em que as evidências físicas da prestação de serviço são demonstradas, permitindo ainda a separação dos processos primários dos processos de apoio.

FLUXOGRAMA

Fluxo de atividade (é o Processo)

Essa é uma ferramenta muito utilizada para que se possa visualizar com facilidade o fluxo de ações para que determinado processo possa ser concluído.

Trata-se de um gráfico que representa o fluxo ou sequência normal de qualquer trabalho, produto, documento, informação, etc., utilizando-se de diferentes símbolos que esclarecem o que está acontecendo em cada etapa.

MAPOFLUXOGRAMA

Fluxo de movimentação física de um determinado item com base na rotina.

O mapofluxograma apresenta o fluxo de movimentação física de um determinado item com base em uma rotina produtiva preestabelecida. É como um fluxograma de como o material deverá se movimentar no espaço físico para que o processo seja desempenhado de acordo com o que está previsto no fluxograma.

Assim, o mapofluxograma permite, em conjunto com o fluxograma, o estudo do processo como um todo, tanto do ponto de vista do conjunto de atividades desempenhadas como da movimentação de material no espaço físico.

MAPEAMENTO LEAN

Processo enxuto. Eliminando as atividades desnecessárias (gargalo).

É o mapeamento realizado com base na técnica do *just in time* para o processo, seja em manufatura, seja em serviço, tentando gerar economias ao longo do processamento para um processo enxuto. Sua base é a redução de desperdícios e de custos, eliminando do processo as atividades que não agregam valor, gerando um fluxo de valor. Por isso, a técnica também é conhecida como mapeamento do fluxo de valor do processo.

BPMN - PROJETO DE MAPEAMENTO E MODELAGEM DE PROCESSOS

O BPMN (*Business Process Modeling Notation*) é o padrão utilizado para o desenho (ou modelagem) dos processos em uma organização.

Consiste de um conjunto de notações gráficas, ou seja, um conjunto de símbolos padronizados que servem para que possamos descrever e redesenhar um processo. Esse diagrama que nos permite visualizar um processo também é conhecido como **fluxograma.**

Assim, essa é a ferramenta utilizada para efetuar o mapeamento e a modelagem dos processos. Dessa forma, ele é utilizado para **descrever, de modo gráfico, um processo por meio do uso de símbolos e linhas.**

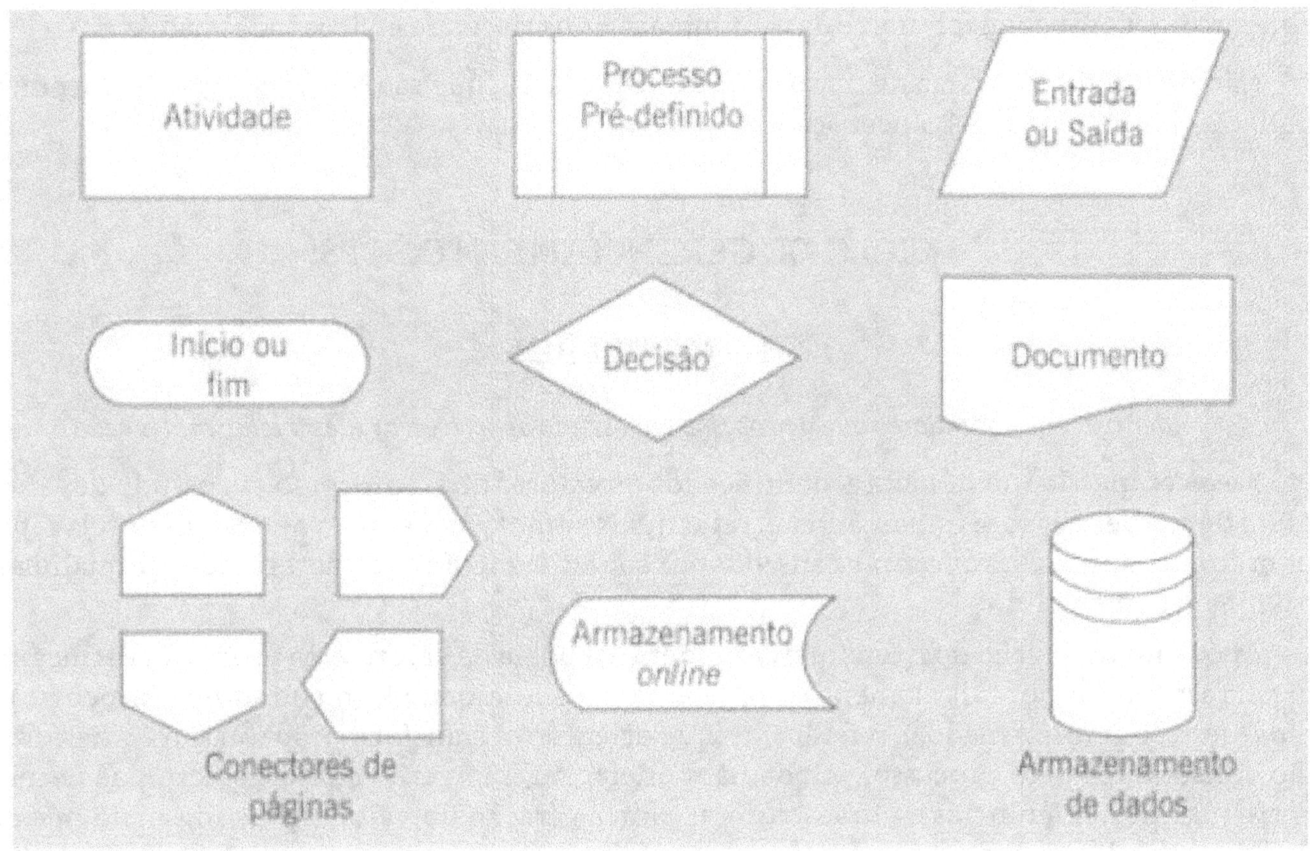

6.3.1. CICLO DE GERENCIAMENTO DE PROCESSOS – SDPS

A visão da SDPS de maturidade de processos acompanha a própria definição de seu ciclo de gestão, ou seja, os níveis pretendidos basicamente dizem respeito a cada uma das etapas do conhecimento das equipes envolvidas e da minimização dos riscos de efeitos indesejados.

Não confunda com Grau de maturidade CBOK e SDPS, que são 5 níveis: (1) Modelagem, (2) Simulação, (3) Emulação, (4) Encenação.

CICLO DE GERENCIAMENTO SDPS:

1 – MODELAGEM

Identificados os valores que o processo em estudo deverá gerar (descrição, motivação).

Nessa etapa são inicialmente identificados os valores que o processo em estudo deverá gerar. Além de sua descrição, é importante retratar quais as motivações para que tal valor seja esperado, bem como os impactos que serão causados por sua existência e as características de qualidade que o definem como válido.

Após a identificação dos itens que compõem a "cadeia de valores" do processo, verificam-se os papéis assumidos por tais elementos, ou seja, valores adicionados (resultados do processo), insumos (que são transformados), referências (que orientam a transformação) ou infraestruturas (que são consumidos pelo processo). Ainda na modelagem, são verificadas as sincronias necessárias entre insumos, referências e infraestruturas para a geração do valor esperado, sendo que devem ser compatibilizadas as expectativas entre as várias partes que produzem cada um dos elementos. Também são previstas as condições que os elementos do processo podem assumir e as respectivas ações a serem tomadas, planejando-se para possíveis contingências e melhorias.

As atividades envolvidas são registradas e são identificados os efeitos colaterais causados por cada elemento presente na cadeia de valor, ou seja, são visualizados os processos que geram um determinado valor / resultado e também os processos que são gerados a partir de tal elemento.

> ⚠ Nível 1 – Processos modelados: os processos são identificados a partir de seus valores, de seus impactos, motivações, características, de seus papéis (valor adicionado, insumo, referência, infraestrutura), das sincronias envolvidas (critérios, condições, ações, atividades) e de seus efeitos colaterais.

2 – SIMULAÇÃO

Nesse estágio, os dados serão estatísticos, gerando minimização dos riscos em meio aos cenários simulados.

A simulação incorpora dados estatísticos aos modelos de processos desenhados na etapa anterior, visando à minimização dos riscos de efeitos indesejáveis quando de sua implantação. Devem ser previstos itens tais como existência ou não de estoques antes do início dos processos, seus pontos de indução, as distribuições estatísticas e os tempos associados às transformações, dentre outros.

A partir de tais dados estimados, são gerados cenários alternativos que devem ser avaliados e, quando necessário, induzirão alterações nos modelos para que sejam mais próximos do resultado desejado quando de sua implantação.

> Nível 2 – Processos simulados: os processos são simulados a partir da introdução de dados estimados (quantidades, filas, tempos de espera, tempos de transformação, distribuições estatísticas, valores máximos, mínimo, médio, etc.) que nos permitem a criação e a análise de cenários distintos, reduzindo os riscos da implantação e induzindo, quando necessário, mudanças nos modelos de processos.

3 – EMULAÇÃO

Nesse estágio os dados são estimados. Consiste em um teste com uma turma-piloto, em que serão descritos os possíveis aspectos da "vida real".

Nessa etapa são incluídos dados da realidade junto aos dados estimados identificados na fase de simulação. É o momento em que, por exemplo, são construídas as telas de sistemas automatizados que serão utilizados no processo e é solicitado o preenchimento das suas informações a uma amostra de pessoas, evitando que requisitos modelados sejam impossíveis de serem obtidos na prática. É também a fase em que fazemos turmas-piloto de algo que queremos ver funcionando na "vida real".

Como no caso da simulação, quaisquer necessidades de ajustes devem ser comunicadas para que os modelos (e os cenários) sejam alterados e voltem a ser emulados, até que os níveis de qualidade desejados sejam atingidos.

> Nível 3 – Processos emulados: os processos são emulados a partir da coexistência de dados da realidade junto aos dados estimados, permitindo um maior refinamento dos cenários e dos possíveis impactos e, novamente, minimizando a possibilidade de efeitos indesejáveis.

4 – ENCENAÇÃO

É a "Vida Real" propriamente dita: os processos são modelados, simulados e emulados.

Consiste em um somatório de todas as outras fases do ciclo de gestão de processos que representa a "vida real" dos processos modelados, simulados e emulados, ou seja, é a única etapa que não se pode faltar durante a execução de um trabalho (ela ocorre mesmo nos casos em que o processo não tenha sido modelado, ou simulado, ou emulado). Portanto, se desejarmos reduzir ou eliminar os riscos de algum efeito que não desejamos observar em nosso processo, é importante realizarmos boas modelagens, simulações e emulações, porém nunca perdendo de vista as exigências que as partes envolvidas no processo possuem – caso contrário boa parte de nosso esforço pode ser desconsiderada face à velocidade requerida pela realidade.

> Nível 4 – Processos encenados: os processos são realizados conforme os modelos desenhados, simulados e emulados, e a observação das novas condições exigidas pela realidade induz a permanentes adequações dos requisitos de processo.

5 – PROCESSOS INTEROPERADOS:

Os processos são executados e geridos além das fronteiras organizacionais, promovendo cadeias de valor entre instituições como, por exemplo, no caso da execução de políticas públicas.

6.3.2. GRAU DE MATURIDADE NO PMBOK

VISÃO DO CBOK

O grau de maturidade na Gestão de Processos de Negócio define a maturidade a partir de níveis, que medem a evolução da organização/instituição quanto às práticas de gestão/gerenciamento de processos.

NÍVEL 1, INICIAL:

Os processos (os quais não se repetem) são executados de maneira ad-hoc, o gerenciamento não é consistente e é difícil prever os resultados.

NÍVEL 2, GERENCIADO:

Aqui os processos se repetem.

A gestão equilibra os esforços nas unidades de trabalho, garantindo que sejam executados de modo que se possa repetir o procedimento e satisfazer os compromissos primários dos grupos de trabalho. No entanto, outras unidades de trabalho que executam tarefas similares podem usar diferentes procedimentos.

NÍVEL 3, PADRONIZADO:

Aqui os processos também se repetem.

Os processos padrões são consolidados com base nas melhores práticas identificadas pelos grupos de trabalho, e procedimentos de adaptação são oferecidos para suportar diferentes necessidades do negócio. Os processos padronizados propiciam uma economia de escala e base para o aprendizado por meio de meios comuns e experiências;

Nível 4, Previsível:

Aqui acontece o somatório das etapas. O processo já é padronizado, gerenciado e se repetem.

As capacidades habilitadas pelos processos padronizados são exploradas e devolvidas às unidades de trabalho. O desempenho dos processos é gerenciado estatisticamente durante a execução de todo o workflow, entendendo e controlando a variação, de forma que os resultados dos processos sejam previstos ainda em estados intermediários.

NÍVEL 5, OTIMIZADO:

Ações de melhorias proativas e oportunistas buscam inovações que possam fechar os *gaps* entre a capacidade atual da organização e a capacidade requerida para alcançar seus objetivos de negócio.

7. DECISÃO

SEIS ELEMENTOS QUE COMPÕEM TODA DECISÃO:

- ✓ 1 - Tomador de decisão
    - ❖ Pessoa/grupo
- ✓ 2 - Objetivos
    - ❖ Deseja alcançar
- ✓ 3 – Preferências (Sistemas de Valor)
    - ❖ Critérios que o tomador utiliza
- ✓ 4 – Estratégia
    - ❖ Curso de ação
- ✓ 5 – Situação (Estado da Natureza)
    - ❖ Ambiente que envolve o tomador de decisão
- ✓ 6 – Resultado (Consequência)
    - ❖ Resultado

Etapas do Processo Decisório:
- ✓ 1 - Identificação do Problema ou Oportunidade
- ✓ 2 – Diagnóstico
    - ❖ Diagrama de causa x efeito (Ishikawa – espinha de peixe)
    - ❖ Princípio de Pareto (80/20) → prioriza os problemas ou oportunidades
- ✓ 3 – Geração de Alternativa
    - ❖ Brainstorming (tempestade de ideias)
- ✓ 4 – Escolha de uma alternativa viável
- ✓ 5 – Avaliação da Decisão

Processo Decisório
- ✓ Certeza
    - ❖ Todas as informações/100%
- ✓ Risco
    - ❖ Situação na qual não é possível prever com certeza os resultados a cada alternativa
- ✓ Incerteza

- ❖ Informações sobre as alternativas e suas consequências é incompleta
- ✓ Ambiguidade → alguns doutrinadores não preveem essa opção
  - ❖ É difícil definir as alternativas (não inf.)

TIPOS DE DECISÃO:

Programadas

- ❖ Também chamadas de Estruturadas
- ❖ Nível operacional
- ❖ Diante de uma certeza
- ❖ Resposta a uma situação que ocorre com frequência
- ❖ Decisões Estruturadas
- ❖ Repetitivas/Rotineiras

Não programadas

- ❖ Também chamadas de Não Estruturadas
- ❖ Nível estratégico
- ❖ Diante de uma incerteza
- ❖ Situação isolada, mal definida, em grande parte desestruturada
- ❖ Decisões novas

MODELOS DE TOMADA DE DECISÃO:

- ✓ 1 - Modelo Tradicional (Clássico ou Racional)
  - ❖ Certeza
  - ❖ Dados Concretos
  - ❖ Todas as informações necessárias (completas, perfeitas, disponíveis)
  - ❖ Nível Operacional
  - ❖ Decisão programada
    - · Lógica, ótima, maximizadora
- ✓ 2 – Modelo Administrativo (Racionalidade Limitada ou Carnegie)
  - ❖ Incerteza
  - ❖ Dados Abstratos
  - ❖ As informações são limitadas (Incompletas, imperfeitas)
  - ❖ Nível Estratégico

- ❖ Decisões Satisfatórias
- ❖ Herbert Simon (Racionalidade Limitada)
  - · Incerteza *fatores cognitivos
  - · Racionalidade Limitada
    - ◦ Intuição (Segue suas próprias convicções)
  - · Heurística x Viés

3 – Modelo Político

- ❖ Incerteza
- ❖ Conflitos (Jogo de Interesse)
- ❖ Ambiguidade

Armadilhas Psicológicas na Tomada de Decisão

- ✓ Ambiente de Racionalidade Limitada
  - ❖ Devido ao grau de incerteza existente
- ✓ Decisão utilizam um conjunto de regras empíricas (Heurísticas) → surge criação de novos modelos

> As Armadilhas Psicológicas na tomada de decisão são desvios psicológicos que geram tendências involuntárias e intuitivas, levando à perpetuação de erros na avaliação de situações e decisões. [x]

8 TIPOS DE ARMADILHAS PSICOLÓGICAS:

- ✓ 1 – Ancoragem:
  - ❖ Tendência de ancorar o julgamento de uma informação inicial
- ✓ 2 – Perpetuação do status quo (Estado Atual):
  - ❖ É o medo mudar
- ✓ 3 – Custos irrecuperáveis:
  - ❖ Tendência de fazer escolhas que justifique suas decisões passadas, mesmo que essas decisões tenham se revelado erradas
- ✓ 4 – Evidência confirmadora:
  - ❖ Tendência de buscar informações que corroborem seu instinto, ou seu ponto de vista
- ✓ 5 – Formulação do problema:

- ❖ Como o problema é descrito
- ✓ 6 – Excesso de confiança:
  - ❖ Tendência de confiar demais na precisão de suas previsões
- ✓ 7 – Lembrança:
  - ❖ Valorizar os acontecimentos que estão presentes na memória
- ✓ 8 – Prudência:
  - ❖ É o medo de errar

8. GESTÃO DE PESSOAS

EVOLUÇÃO DA GESTÃO DE PESSOAS

Tenha em mente que uma das maiores cobranças em bancas de provas será sobre os aspectos históricos da gestão de pessoas. Sim. Será sobre as diversas mudanças que essa matéria vem sofrendo. O examinador poderá comparar diferentes aspectos de diferentes teóricos.

Existem quatro modelos de Gestão de Pessoas. Mas não quer dizer que eles são totalmente independentes, pois eles se interpõem.

> • Por exemplo, o modelo contemporâneo de gestão de pessoas carrega em si aspectos de todos os outros modelos.

Vamos aos quatro modelos Gestão de pessoas como:

1. Departamento de Pessoal;
2. Gestão do Comportamento Humano;
3. Gestão Estratégica de Gestão de Pessoas;
4. Gestão de pessoas por Competências.

> Apesar de os nomes parecerem redundantes (repetitivos), é exatamente assim que os doutrinadores (Chiavenato e CIA) abordam os temas.

Antigamente, no começo da industrialização, a Gestão de Pessoas era mais reduzida. Era assim devido a como o trabalhador era visto.

> As pessoas eram vistas como máquinas, cuja única função era produzir.

Se era vista apenas como uma máquina, para que dar tanta atenção ao trabalhador, o qual nem mesmo era visto como parceiro da organização?

A área responsável pelas funções básicas da relação pessoal-empresa era pequena, chamada Departamento de Pessoal.

Com o passar dos anos, surgem estudos e, com estes, um olhar diferenciado sobre as pessoas. A Escola das Relações Humanas, a gestão de pessoas reduzida torna-se maior, constituída de algumas outras áreas, e passa a ser chamada **Recursos Humanos**.

Após o surgimento da área de Recursos Humanos, novos termos são apresentados:

> • liderança e reconhecimento.

Agora as pessoas começam a ser vistas como um diferencial competitivo.

Posteriormente, com a percepção de que as pessoas são o diferencial competitivo, a área de Gestão de Pessoas não somente cresce, como também ganha subdivisões inter-relacionadas com outras áreas (inclusive para fora da organização – visão sistêmica).

> Atualmente as pessoas têm grande importância para a organização. As empresas investem também em competência, e não apenas em conhecimento. Ou seja: o funcionário deve estar preparado, reconhecido, motivado, com uma visão sistêmica.

Dica: perceba que apenas com essa simples abordagem histórica é possível escrever uma excelente redação.

As evoluções aconteceram na seguinte ordem:
- Teoria da Administração Científica
- Teoria Clássica
- Teoria das Relações Humanas
- Teoria Burocrática
- Teoria Neoclássica
- Teoria Estruturalista (Evolução de um modelo Burocrático)
- Teoria Comportamental
- Teoria Sistêmica
- Teoria Contingencial

➤ Evolução da Gestão de Pessoas

✓ Era Clássica → **Séc. IX (aproximadamente)**
- ❖ Departamento de pessoal
- ❖ Relações industriais
  - · Homem Máquina → considerado parte/peça/engrenagem da máquina
- ❖ Modelo Burocrático → controle rígido
- ❖ Centralização
- ❖ Nível Operacional → busca pela eficiência
- ❖ Legislação Trabalhista (CLT)

- · Férias
- · Faltas
- · Jornada de trabalho
- ❖ Sindicatos

✓ Era Neoclássica → **Séc. XX (aproximadamente)**
- ❖ Adm. ação de RH
  - · Homem Recurso Vivo
- ❖ Funções especializadas
- ❖ Área técnica → processos (são vistos como atividades)
  - · Recrutamento
  - · Seleção
  - · Treinamento
  - · Qualidade de vida no trabalho
- ❖ Obs.: Nesta era são somados alguns aspectos da Era Clássica
  - · **Legislação Trabalhista**
  - · **Sindicatos**

✓ Era da Informação (Gestão de Pessoas) → **Séc. XXI (Aproximadamente)**
- ❖ Gestão de Pessoas
  - · Homem Colaborador/Parceiro
- ❖ Modelo Gerencial
- ❖ **Descentralização**
- ❖ **Nível estratégico (missão + visão)**
  - · **Aborda toda a organização**
- ❖ **Conjunto de políticas e práticas**
- ❖ **Eficácia**
- ❖ Obs.: Nesta Era são somados alguns aspectos da outras Eras
  - · Área Técnica → processos (rec., sel., trein., qualid.)
  - · Legislação Trabalhista

8.1. GESTÃO DE PESSOAS NO TEMPO

GESTÃO DE PESSOAS COMO DEPARTAMENTO DE PESSOAL

Seguir pressupostos tayloristas (produtividade); ser responsável por **trâmites burocráticos** e transações processuais; **foco na tarefa, custos e resultados** produtivos.

Vamos aos pontos importantes.

- Primeiro modelo de Gestão de Pessoas;

- Ocorreu no final do século XIX e início do século XX;

- Menor custo possível (vamos falar sobre taylorismo, mão-de-obra, sobre gastar o mínimo possível com as pessoas);

- Pessoas vistas como extensão das máquinas:

✓ Nessa época não havia tecnologia para realizar atividade simples e repetitivas que temos hoje, essas tarefas eram feitas pelo trabalhador;

✓ Os estudos da época, por exemplo, eram sobre tempos e movimentos das tarefas (para economizar tempo e lucrar mais);

- Foco nos processos de trabalho:

✓ O foco era na rapidez;

- O Taylor foi um grande administrador e cientista:

✓ Era um dos responsáveis pelos estudos da época;

✓ Taylor pensava que as pessoas apenas se motivavam pelo dinheiro;

> Perceba que até o momento não falamos de **motivação e liderança**.

GESTÃO DE PESSOAS COMO GESTÃO DO COMPORTAMENTO HUMANO

Principais características do modelo, decorrentes das conclusões dos estudos de Elton Mayo: Gestão de recursos humanos voltada para a integração, comprometimento dos empregados, flexibilidade, adaptabilidade e qualidade.

- Segundo modelo de Gestão de Pessoas;

- Ocorreu em torno de 1930 até 1960 (a depender do doutrinador, existirão pequenas diferenças nos períodos, mas todos são nessas décadas);

- Foco no comportamento das pessoas;

- Escola das Relações Humanas;

- Treinamento gerencial, avaliação de desempenho, relações interpessoais, motivação e liderança

  ✓ Estudos indicando os benefícios de se investir mais no trabalhador da empresa.

GESTÃO DE PESSOAS COMO GESTÃO ESTRATÉGICA DE PESSOAS

O modelo de gestão de pessoas nesse contexto deve não somente adaptar-se, mas corresponder aos fatores internos e externos à organização, sendo influenciado pelos interesses dos stakeholders (acionistas, clientes, empregados, fornecedores e sociedade); Nesse modelo não é mais a motivação genérica que o modelo deve buscar: a gestão de pessoas deve estar alinhada às diretrizes e estratégias da empresa.

- **Atenção: alguns autores não abordam esse modelo intermediário. Vão direto ao Gestão de Pessoas por Competência.**

Nesse momento, os indivíduos não são vistos apenas como investimentos (ou recursos). Os indivíduos, nessa visão moderna, são vistos como **parceiros**. Pessoas inteligentes e proativas, são fornecedores não de mão de obra, mas sim fornecedores de conhecimentos e competências. A gestão de pessoas é vista como um departamento estratégico de gestão de pessoas, e não como departamento de recursos humanos ou como departamento de relações industriais.

- Período de 1960 até meados de 1990;
- Cresce a importância da área de Recursos Humanos;
- Gestão de pessoas como atividade de linha e função de staff;
- Onde ocorre uma descentralização do órgão;
  ✓ Antes de ocorrer a descentralização, "tudo" sobre pessoas era resolvido no setor do RH.
- Nesse momento a organização passou a ser vista como um sistema aberto:
  ✓ Ou seja, haverá uma constante interação com o meio externo (influenciado pela Teoria Sistêmica e também por uma necessidade do mundo, o qual se altera o tempo inteiro).

GESTÃO DE PESSOAS POR COMPETÊNCIAS

Nesse momento que ocorre o tal avanço exponencial da tecnologia da informação. Surge a internet e dispositivos tecnológicos que facilitaram a **Globalização**, a qual gera um impacto grande nas organizações.

> Modelo influenciado pelos movimentos mais atuais: transformação nos mercados internacionais, globalização, turbulência tecnológica, qualidade de produtos e serviços, ou seja, a "era da competitividade".

Antes desse período, investir nas pessoas era uma opção, "invista nas pessoas que será melhor para sua empresa". Mas agora é uma essencialidade, "ou investe nas pessoas, ou a organização está fadada ao fracasso".

- A partir de 1990;
- Ocorre grandes transformações mundiais;
- Gestão da mudança;
- É Necessário obter **vantagem competitiva,** reengenharia (mudar radicalmente os processos de trabalhos), competências essenciais;
- Gestão com pessoas: gerenciar com pessoas é empoderá-las, para que se tornem sujeitos ativos dentro da organização;
  - ✓ Por exemplo, dar ao funcionário a opção de escolher qual benefício deseja ter;
- Gestão de pessoas mais flexível e **orgânica.**

Característica da gestão orgânica:

- Sistema aberto;
- Foco na autonomia;
- Adaptação/mudança constante.

ALGUNS TEÓRICOS RESUMEM TUDO ISSO EM 3 ERAS

1ª ERA - INDUSTRIAL (1900 - 1950)

- Pessoas como instrumentos de produção, fornecedores de mão de obra;
- Departamento de pessoal ou departamento de relações industriais.

> Departamentos de Pessoal e de Relações Industriais: Homem considerado como máquina.

2ª ERA - NEOCLÁSSICA (1950 - 1990)

- Pessoas como recursos e investimentos que precisam ser administrados;
- Departamento de recursos humanos.

> Administração de Recursos Humanos: Desenvolvimento de subsistemas de RH; pessoas vistas como recursos vivos.

3ª ERA - DA INFORMAÇÃO (APÓS 1990)

- Pessoas como seres inteligentes e proativos, parceiros fornecedores de conhecimento e competências;
- Departamento de gestão de pessoas (estratégico).

> Era da Informação: Pessoas vistas como fornecedoras de conhecimento; cultura de inovação etc.

8.2. NOVOS PAPÉIS DA ÁREA DE GESTÃO DE PESSOAS

Segundo o professor Rodrigo Rennó, a gestão de pessoas moderna enfatiza uma preocupação em tratar as pessoas como parceiras, como fator estratégico de sucesso da organização. [xi]

De acordo com Chiavenato, os novos papéis que a área de Gestão de Pessoas desenvolve são:

1- **Administração de Estratégias de RH.** Como o RH pode ajudar a impulsionar a estratégia organizacional.

2- **Administração da Infraestrutura da empresa.** Como o RH pode oferecer uma base de serviços à organização para ajudá-la a ser eficiente e eficaz.

3- **Administração da Contribuição dos Funcionários.** Como o RH pode ajudar no envolvimento e comprometimento dos funcionários, transformando-os em agentes empreendedores, parceiros e fornecedores para a organização.

4- **Administração da Transformação e Mudança.** Como o RH pode ajudar na criação de uma organização criativa, renovadora e inovadora. [7]

MODELO DE GESTÃO DE PESSOAS

Segundo Dutra (2013), são quatro as premissas que apoiam a construção de um modelo de gestão de pessoas:

Foco no desenvolvimento e não no controle, o qual incentiva um maior envolvimento das pessoas; o trabalhador é estimulado a participar dos processos da empresa como uma pessoa responsável e comprometida, sem necessidade de excesso de controle.

Foco nos processos e não nos instrumentos – Os instrumentos devem estar subordinados aos processos de consenso e dar ênfase em como trabalhar as práticas; devem ser planejados a serviço das pessoas.

Foco no interesse conciliado em vez de foco nos interesses da empresa – As práticas de gestão devem pensar em uma relação de "ganha-ganha" entre os colaboradores e a empresa.

Foco no modelo integrado e estratégico em vez de foco no modelo constituído por partes desarticuladas entre si – Os subsistemas de gestão de pessoas devem estar articulados, formando um todo conciliador de interesses da empresa e das pessoas. [xii]

Para a construção de um modelo de gestão de pessoas, devemos considerar:

Papel das pessoas: as pessoas estão tomando para si a responsabilidade de gestão de carreira e cobrando da empresa condições objetivas de desenvolvimento profissional;

Papel das empresas: as empresas devem criar o espaço, estimular o desenvolvimento e oferecer suporte e condições para a mútua satisfação das expectativas e necessidades. Para que isso ocorra, é preciso estar em constante interação com as pessoas, para conseguir impulsionar, por meio delas, sua competitividade, mediante mútuo comprometimento;

Processos de gestão de pessoas: a gestão de pessoas deve considerar os processos de movimentação, desenvolvimento e valorização delas.

Movimentação: inclui captação, internalização, transferências, **promoções**, expatriação, recolocação.

Desenvolvimento: capacitação, carreira e **desempenho**.

Valorização: **remuneração**, premiação, serviços e facilidades.

Bases estruturais: conjunto de compromissos mútuos estabelecidos entre a empresa e as pessoas, traduzidos pelas políticas e práticas existentes na organização e que orientam o comportamento.

Processos de apoio: constituem interações não ligadas exclusivamente à gestão de pessoas, mas fundamentais para que ela possa ser efetiva, ou que tendem a influenciá-la. São eles: informações, comunicação, relações sindicais, relações com a comunidade.

Processos de informações: fluxo de informações, estruturado ou não, que flui da empresa para a pessoa e vice-versa;

Processos de comunicação: englobam os canais e veículos de comunicação entre empresa e pessoas, entre pessoas e empresa, entre pessoas da empresa, e entre pessoas, empresa e comunidade;

Relações sindicais: tratam da relação entre empresa, pessoas e sindicatos representativos dos trabalhadores;

Relações com a comunidade: conjunto de políticas e práticas que balizam as relações entre empresa, pessoas e comunidade.[8]

Os Modelos de Gestão de Pessoas também podem receber outra abordagem, a depender do teórico.

- **Instrumental ou funcional**: ênfase no resultado, dimensão técnica (descrição dos cargos, recrutamento, seleção, qualificação, etc). O conflito é evitado

- **Político**: o conflito é visto como fundamental no processo de gestão. dá ênfase na solução negociada de conflitos de interesses por meio da participação).

- **Estratégico**: ênfase no alinhamento entre os objetivos organizacionais e políticas e práticas de gestão de pessoas.

Em gestão de pessoas, tudo será responsabilidade de linha e função de staff como padrão. Isso significa que o chefe imediato toma decisões (responsabilidade), mas assessorado por uma área especializada, geralmente o setor de RH da organização.

LINHA - órgãos de **execução** da empresa

STAFF - órgãos de **assessoria/consultoria** - EX. conselhos, assessorias.

ÁREA DE GESTÃO DE PESSOAS

A área de gestão de pessoas não é um fim em si mesma, mas um meio de alcançar a eficácia e a eficiência por meio das pessoas, permitindo condições favoráveis para que estas alcancem seus objetivos.

Tendo como objetivos:

- ajudar a organização a alcançar seus objetivos e a realizar sua missão;

- proporcionar competitividade à organização;

- proporcionar à organização empregados bem treinados e bem motivados;

- aumentar a autoatualização e a satisfação dos empregados no trabalho;

- desenvolver e manter qualidade de vida no trabalho;

- administrar e impulsionar a mudança; e

- manter políticas éticas e comportamento socialmente responsável.

Tendo como tais objetivos e linha da gestão de pessoas, não vejo como uma questão restritiva. Vejo com simplória, não fala que somente a GP que controla. [xiii]

OBJETIVOS DA GESTÃO DE PESSOAS

Gestão de Pessoas possui uma ligação direta com os objetivos da organização. Ela se relaciona com todas as outras áreas da empresa (inter-relação).

Gestão de pessoas é responsabilidade de linha e função de "staff". Significa dizer que a Gestão de Pessoas é responsabilidade de cada gestor (**chefe**); e a área de Gestão de Pessoas não desaparece, mas vira área estratégica, com funções de assessoria e consultoria.

Compreenda que a palavra chefe é mais ampla do que parece. Pode ser um juiz de um órgão público, contador, engenheiro. Antes "tudo" era resolvido no RH. Por exemplo, o setor de RH que realizava os relatórios de absenteísmo, ausentismo.

> Era **centralizado**.

Vamos aos objetivos.

- Desenvolver políticas e práticas nos processos básicos de gestão de pessoas;
- Garantir o equilíbrio organizacional entre a empresa e os funcionários;
  - Entenda que as pessoas e as organizações estão no mesmo nível. Uma depende da outra.
- Auxiliar no alcance da estratégia;
- Auxiliar nos processos de gestão de mudanças
  - As empresas estão em constante mudanças (cultura organizacional, processos de trabalho). A ideia é realizar mudanças de uma maneira que gere menos resistência por parte dos colaboradores.

8.3. OS SEIS PROCESSOS BÁSICOS DE GESTÃO DE PESSOAS

Esse tema é tão importante que já foi até tema de redação. Então fique atento.

- Agregar (prover)

  ✓ Recrutamento e seleção: recrutamento é **atrair** novas pessoas para o processo seletivo, já a seleção é **escolher** novas pessoas que vieram através do recrutamento (visto em detalhes mais a frente);

  ✓ Trabalhado no planejamento de RH;

- Aplicar

  ✓ Avaliação de desempenho, socialização e modelagem de cargos;

- Recompensar

  ✓ Remuneração e benefícios (gestão de carreira);

  ✓ Exemplo: fazer com que o colaborador cresce na empresa;

- Desenvolver

  ✓ Treinamento e desenvolvimento, educação corporativa (pode ser uma competência necessária no momento, ou que será demandada futuramente);

- Manter

  ✓ Qualidade de vida no trabalho, segurança, higiene e medicina do trabalho

- Monitorar

  ✓ Banco de dados e sistemas de informação;

  ✓ Atenção: monitorar **não é controlar**;

  ✓ São dados que serão utilizados no embasamento da tomada de decisão.

> Não confunda Desenvolver com Manter. Enquanto desenvolver está relacionado à aprendizagem, Manter está relacionado à saúde.

Um resumo para fixa bem esses 6 processos básicos:

Agregar	• Trazer novas pessoas
Aplicar	• Acompanhar pessoas
Desenvolver	• Aprendizagem
Manter	• Saúde
Recompensa	• Dinheiro $$$
Monitorar	• Informação

CARACTERÍSTICA

- orientação para resultado (foco na excelência);
- empowerment (empoderamento, gestão com pessoas – antigamente era um controle vertical, "mandava quem podia, obedecia quem tinha juízo");
- benchmarking (pesquisa em outras organizações para colher melhores práticas, foco externo);
- gestão estratégica;
- diversidade, mudança, equipes;
- orientação para pessoas;
- competência (o foco não é mais apenas no conhecimento, mas vai além disso – comportamento ético, iniciativa).

IMPORTÂNCIA DA GESTÃO DE PESSOAS

Segundo Joel Dutra, o processo de Gestão de Pessoas tem sido a mola mestra na busca pela excelência de organizações bem-sucedidas e pela retenção do capital intelectual, o que demonstra a importância que é dada atualmente ao fator humano.

Os processos, quando bem conduzidos, podem maximizar a estratégia organizacional.

8.4. EQUILÍBRIO ORGANIZACIONAL

Para entender melhor a parte do equilíbrio organizacional, será necessário compreender o que são contribuições e incentivos.

Contribuições: "Pagamentos" que cada parceiro efetua à Organização que está ligado.

Incentivos: "Pagamentos" feitos pela organização a seus parceiros.

> O que as pessoas esperam da organização? Ou seja, quais **incentivos** os trabalhadores esperam receber pela **contribuição** dada?

Incentivos:

- Excelente local de trabalho;
- Reconhecimento;
- Oportunidades (crescer na empresa, desenvolver-se profissionalmente);
- Liberdade e autonomia;
- "Empowerment", empoderamento;
- Qualidade de vida (pode estar ligado aos benefícios financeiros);
- Empregabilidade;
- Benefícios financeiros (remuneração).

TEORIA DO EQUILÍBRIO

Todo parceiro somente manterá sua participação na Organização enquanto os incentivos ou recompensas que lhe são oferecidas forem iguais ou maiores que as contribuições exigidas.

TEORIA DA RECIPROCIDADE:

As pessoas são importantes para a Organização na mesma medida que as Organizações são importantes para as pessoas.

Contrato psicológico celebra a ideia de reciprocidade.

COMPORTAMENTO ORGANIZACIONAL

Anteriormente, não havia ênfase no comportamento das pessoas, predominando ideias mais utilitaristas no que tange às relações das pessoas com o trabalho. Com o surgimento da Escola das Relações Humanas, percebe-se que a interação entre as pessoas pode trazer ganhos em termos de produção e, assim, que o trabalho em grupo traz mais resultados que o trabalho individual. A Escola das Relações Humanas, no entanto, não ganhou tanta força à época de seu surgimento.

Apareceram novas escolas e novas abordagens, que se sobrepuseram
à ideia de Relações Humanas.

Surge, então, a Escola Comportamental, ganhando força e retomando as ideias das Relações Humanas. A abordagem comportamental da administração influenciou diversas áreas do conhecimento, inclusive a área organizacional, levando ao aparecimento da área de estudo interdisciplinar do Comportamento Organizacional. Abrangente, envolve estudos de poder, liderança, motivação, desempenho, entre outros, de forma inter-relacionada.

8.5. MOTIVAÇÃO

CONCEITO DE MOTIVAÇÃO

• Do latim *"movere"* ou *"motivare"*: o que move a alguma coisa.

Motivação tem relação direta com desempenho e competência, lembrando que desempenho guarda relação com o contexto da organização.

Em um **contexto organizacional favorável**, fica assim:

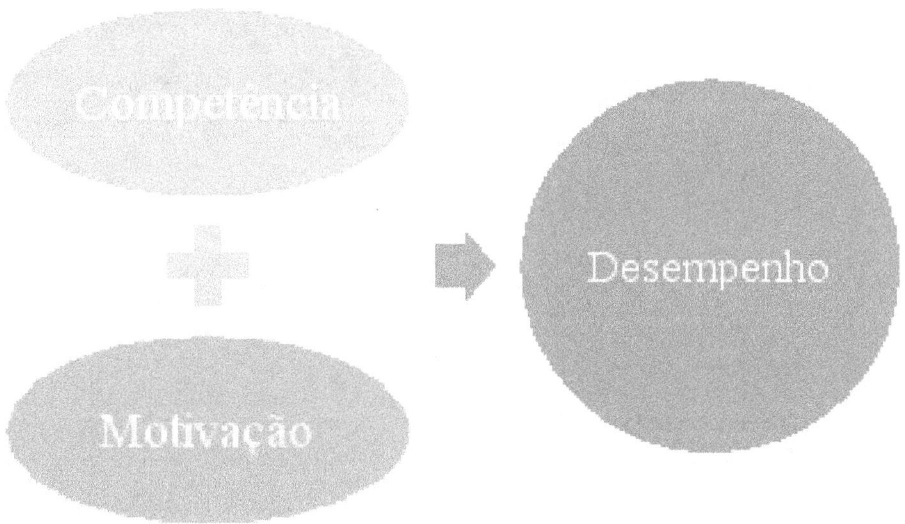

> Desempenho = Competência + Motivação **(ambos amparados por um contexto organizacional favorável – boa iluminação, temperatura adequada, aparelhos modernos)**

• **Dica: Alegria no trabalho não é sinônimo de motivação.**

A melhor teoria de motivação é aquela que se encaixa ao perfil do funcionário e ao perfil do momento da organização.

8.6. TEORIAS DE MOTIVAÇÃO

Logo à frente, serão abordadas diversas teorias relacionadas a motivações intrínsecas e extrínsecas.

- Dicas:
  - não existe a melhor teoria, existe a mais adequada (levando em conta cada contexto, situação, pessoa).
  - Uma pessoa desmotivada ainda sim pode ter um bom desempenho, mas o que as organizações buscam atualmente é uma excelência. Um desempenho excelente é melhor do que um bom desempenho.

As teorias sobre motivação se dividem em **duas categorias**, as Teorias de Conteúdo e as Teorias de Contexto.

Teorias de Conteúdo:

Buscam sanar dúvidas sobre a motivação dos indivíduos a partir de suas necessidades, desejos e realização interna do indivíduo. A pergunta que deve ser feita para entender esse grupo de teorias é: "o que motiva?".

Elas são intrínsecas, estáticas e descritivas.

Exemplo das principais teorias:

- Hierarquia (Maslow);
- Bifatorial (Herzberg);
- Teoria X e Y (McGregor);
- Teoria ERC (Cleyton Alderfer);
- Teoria da Motivação pelo êxito ou medo (McClelland);

Teorias de Contexto:

Também chamadas de Teorias de Processo, buscam explicar como ocorre a motivação a partir do contexto ou do processo.

São extrínsecas, mais dinâmicas e que influenciam o comportamento do colaborador.

Exemplo das principais teorias:

- Teoria da Expectação (Porter e Lawler);
- Teoria da Expectativa (Vroom);
- Teoria do Campo (Kurt Lewin);
- Teoria da Equidade (Adams);
- Teoria do Estabelecimento de Metas (Edwin Locke);
- Teoria do Reforço (Skinner). [xiv]

TEORIAS DE CONTEÚDO

TEORIA DA HIERARQUIA DAS NECESSIDADES (MASLOW)

Teoria proposta por Maslow.

Maslow apresentou uma teoria motivacional, afirmando que as necessidades humanas estão organizadas e dispostas em níveis, em uma hierarquia de importância e de influência. Essa hierarquia de necessidades pode ser visualizada como uma pirâmide. Na base da pirâmide estão as necessidades mais baixas (necessidades fisiológicas) e, no topo, as mais elevadas (as necessidades de autorrealização).

> Busca explicar a motivação como produto da busca pela satisfação de necessidades dispostas em uma hierarquia rígida.

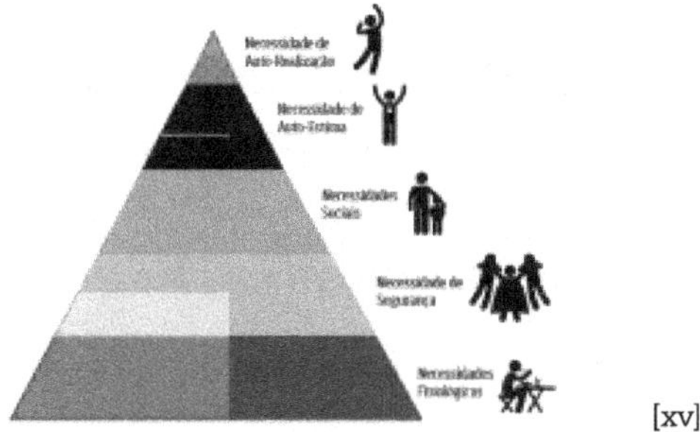

[xv]

• Cobrança de prova: Essa teoria de Maslow gerou grande influência

na abordagem comportamental da Administração.

• Observação: Necessidades Fisiológicas e Necessidades de Segurança estão no Primeiro Nível; já as demais necessidades estão no Segundo Nível (Sociais, Estima, Autorrealização). Isso foi cobrado em prova da CESPE, onde a banca tentou confundir o candidato, induzindo-o a pensar que o Primeiro Nível se referia apenas às Necessidades Fisiológicas.

• Observação 2: Apesar de muitas pessoas utilizarem o termo **Autoestima**,

o mais correto é **Estima**, a qual se divide em autoestima e heteroestima.

A ideia de Maslow é "o que motiva o indivíduo depende de onde ele está na pirâmide". Todos nós buscamos a satisfação dessas necessidades.

Observações sobre as Necessidades contidas nessa pirâmide:

✓ As necessidades fisiológicas também são chamadas de necessidades básicas;

✓ Necessidades de segurança estão também relacionadas à estabilidade no emprego (sem ameaças de ser demitido);

✓ Repetindo: O Primeiro Nível inclui as Necessidades Fisiológicas e Necessidades de segurança; O Segundo Nível (são mais **intrínsecas**) inclui as Necessidades Sociais, Necessidades de Estima e Necessidades de Autorrealização;

✓ Necessidades Socias estão relacionadas com um Grupo (ser aceito e reconhecido pelo grupo);

✓ Necessidades de Estima incluem a autoestima e a heteroestima

- Heteroestima é o amor ou estima que percebemos ou oferecemos aos outros. e isso é percebido por nós. Dois elementos importantes são dados neste significado; por um lado, ser amado pelos outros e, por outro lado, sentir o amor das outras pessoas. [xvi]

✓ Necessidades de Autorrealização é fazer algo que transcende na sua vida. Como exemplo temos o mega empresário Roberto Justus que resolveu apresentar programa de televisão, e também cantar (perceba que ele está no pico máximo da pirâmide). Isso significa dizer que apenas o dinheiro não será suficiente para as pessoas.

TEORIA ERG (ALDERFER)

A Teoria **ERG**, também traduzida para o português com a sigla **ERC**, foi idealizada por Alderfer, o qual foi um seguidor de Maslow. Sendo assim, esse teórico resumiu a Teoria das Necessidades para apenas 3 necessidades.

- Atenção: essa teoria **ERG**, que resume a famosa Teoria das Necessidades de Maslow, voltou a ser cobrança de provas. Hoje em dia nem é apenas mais um

conteúdo complementar da matéria, mas sim um dos conteúdos principais.

ERG (ou ERC) significa:

- E → Necessidade de Existência
  - Refere-se ao Primeiro Nível das necessidades básicas de Maslow (Fisiológicas e Sociais);
- R → Necessidade de Relacionamento
  - Refere-se às necessidades Sociais e a parte da Estima ligada ao **reconhecimento do outro** (heteroestima);
- G → Necessidade de Crescimento (crescimento em inglês é growth, por isso fica ERG).
  - Refere-se a parte da Estima ligada ao autorreconhecimento (autoestima) e a Autorrealização;

Decore esse resumo, pois será importante para a sua prova.

Mais uma observação: na teoria de Maslow a hierarquia era mais rígida (o indivíduo subia para as próximas necessidades apenas quando as básicas eram supridas); já na teoria de Alderfer a hierarquia existe, mas é fluida (interconectadas), ou seja, mesmo que as Necessidades de Existência ainda não tenham sido supridas, as Necessidades Relacionais e de Crescimento já começa a motivar.

TEORIA DA NECESSIDADE ADQUIRIDA (MCCLELLAND)

A **Teoria da Necessidade Adquirida**, também chamada de **Teoria dos Motivos**, foi idealizada pelo teórico McClelland.

É uma teoria que se propõe a explicar a motivação a partir de três necessidades que todas as pessoas possuem em diferentes intensidades: Realização, Afiliação e Poder. Todos os indivíduos possuem essas necessidades, seja em maior grau, seja em menor grau; além disso, o autor afirma que haverá uma **necessidade dominante** em cada um.

Necessidade de Realização: É o desejo inconsciente do indivíduo de atingir um nível de excelência técnica ou profissional em que consiga obter o reconhecimento de seus pares. São necessidades ligadas ao desejo de alcançar metas difíceis, realizar tarefas desafiadoras e complexas e de superar outras pessoas.

> Os indivíduos com Necessidades **dominantes** de Realização desejam alcançar algo difícil. Tal desejo exige um padrão de sucesso, domínio de tarefas complexas e superação de outras (eles gostam de assumir responsabilidades. Gostam de correr riscos calculados; querem **retorno concreto** sobre seu desempenho, não são motivados pelo dinheiro em si). Os indivíduos com este tipo de necessidade pretendem, mais que obter sucesso individual, é fulcral obterem feedback positivo no grupo (esse feedback não deve ser genérico, lembre-se que deve ser concreto, objetivo, específico).

Necessidade de Afiliação: É o desejo inconsciente de fazer parte de um grupo social acolhedor em que aconteçam e se desenvolvam relações interpessoais positivas. São necessidades ligadas ao desejo de associação, de fazer amigos e evitar conflitos. Esse indivíduo tende a preferir o trabalho em grupo, com ambientes colaborativos e menos competitivos.

> Os indivíduos com Necessidades **dominantes** de Afiliação desejam estabelecer fortes amizades; é uma necessidade social, de companheirismo e apoio, focada em desenvolvimento de relacionamentos significativos com pessoas (motivados por cargos que exigem interação frequente com colegas – quer o aval, carinho do grupo), tem dificuldade em avaliar os subordinados de forma objetiva, as pessoas são mais importantes que a produção de **outputs**.[9][xvii]

Necessidade de Poder: É o desejo inconsciente de ter e tomar decisões que possam influenciar outras pessoas e de ter poder e autoridade sobre elas. São pessoas que buscam posições de liderança.

> Os indivíduos com Necessidades **dominantes** de Poder desejam influenciar ou controlar os outros, ser responsável pelos outros e ter autoridade sobre os outros; ou seja, é uma necessidade de dominar, influenciar ou controlar pessoas (eles procuram por

posições de liderança); uma elevada tendência para o poder está associada a atividades competitivas bem como ao interesse de obter e manter posições de prestígio e reputação.

A partir dessa informação, o bom gestor pode identificar esse indivíduo que tem uma expressiva necessidade de poder e delegar uma certa influência para que se sinta motivado na organização.

Observações feitas pelo teórico Mcclelland:

- Todos possuímos essas necessidades em diferentes graus;

- A necessidade que motiva é aquela que se sobressai no indivíduo;

- Sendo assim, é correto dizer que o líder precisa identificar qual é a necessidade dominante de cada colaborador, para que possa escolher a forma certa de motivar.

Mnemônico para não confundir Mcclelland com o Alderfer:

- **MC é RAP** (Mcclelland é Realização, Afiliação e Poder).

TEORIA DOS DOIS FATORES (HERZBERG)

Essa teoria foi idealizada por Frederick Herzberg, que na época era engenheiro, e, ao prestar serviços de consultoria, percebeu que uma grande empresa, mesmo remunerando muito bem seus engenheiros, não conseguia motivá-los. A partir disso, Herzberg criou a Teoria dos Dois Fatores.

Essa teoria quebra o paradigma de dizer que o homem só se motiva por dinheiro.

Perceba que um funcionário que ganha um alto salário, e sem os demais fatores motivadores, pode até não estar desmotivado, mas também não estará motivado; ou seja, estará em estado de neutralidade.

Fatores Higiênicos (Extrínsecos – insatisfacientes):

As principais necessidades higiênicas são: salário, benefícios sociais, tipo de chefia, condições de trabalho, políticas e diretrizes da empresa, clima de relacionamento entre a empresa e funcionários, regulamentos internos.

TERMOS-CHAVES:

- Política da empresa;

- Condições de ambiente de trabalho;

- Tipos de chefia;

- Regulamentos internos;

- Relacionamento interpessoal;

- Segurança;

- Benefícios Sociais;

- Salário.

- Esses fatores são **preventivos**, ou seja, eles previnem a insatisfação – experimente retirar o salário, ou algum benefício, e terá um funcionário desmotivado. Note que a outra categoria de fatores (intrínsecos), caso não estejam presentes, não geram a insatisfação, mas geram a neutralidade (funcionário nem motivado, nem desmotivado).

Fatores Motivadores (Intrínsecos – próprio trabalho, fatores intrínsecos):

Envolve o crescimento individual, reconhecimento profissional e autorrealização, e dependem das atividades praticadas pelo trabalhador.

TERMOS-CHAVES:

- Crescimento profissional
- Autonomia
- Desenvolvimento profissional
- Aumento de responsabilidades
- Reconhecimento do trabalho

• Realização profissional

● A ausência desses fatores não gera desmotivação, mas apenas a neutralidade.

Fatores	Presença	Ausência
Higiênico (Condições de trabalho)	Neutralidade	Desmotivação
Motivacional (Significado do trabalho)	Motivação	Neutralidade
A motivação depende então da presença de fator higiênico e presença de fator motivacional.		

Atenção! Satisfação NÃO é o oposto de insatisfação.

Essa teoria não recebeu respaldo da literatura, devido às suas limitações metodológicas; confiabilidade questionável. Além disso, não foi utilizada uma medida geral; e parâmetros como satisfação e produtividade também não foram utilizados. Entretanto, esse tópico é um queridinho das Bancas Examinadoras.

Com esse estudo, Herzberg propõe a revisão do trabalho (reconstrução do trabalho). Tais medidas exerceram influência nas medidas modernas como a análise de cargos, reestruturação de trabalho, e redesenho de cargo.

TEORIA X E Y (MCGREGOR)

A Teoria X e Y foi idealizada pelo teórico McGregor e traz duas visões de como a Organização enxerga as pessoas e, consequentemente, a forma de como esta visão impactará nesta relação.

A teoria X representa forte controle sobre os recursos humanos dentro da organização, como demonstra os itens a seguir:

- O ser humano, em geral, não gosta intrinsecamente de trabalhar, e trabalha o mínimo possível;
- Por essa razão a maior parte das pessoas precisa ser coagida, vigiada, orientada, ameaçada com castigos a fim de fazer o devido esforço para alcançar os objetivos da organização;
- O ser humano médio prefere ser dirigido, desejando evitar responsabilidades; é pouco ambicioso, procurando segurança acima de tudo;
- Homo economicus (o que motiva é o dinheiro).

O ser humano, em geral, não gosta intrinsecamente de trabalhar, e trabalha o mínimo possível.

Lembre-se do X – indicando não!

Teoria Y:

A Teoria Y deixa evidente que, através do ambiente organizacional adequado, o desenvolvimento dos recursos humanos é muito mais otimizado e pode ser melhor aproveitado.

As características da teoria são:

- O esforço físico e mental no trabalho é tão natural como o lazer ou o descanso;
- Controle externo e ameaça de castigo não são os únicos meios de suscitar esforços no sentido dos objetivos organizacionais;
- Movido pela auto-orientação e pelo autocontrole, o indivíduo se colocará a serviço dos objetivos que se empenhou a alcançar dentro da organização;
- O empenho em alcançar objetivos é função das recompensas atribuídas ao êxito da tarefa;
- Em condições apropriadas, o ser humano, em média, aprende não só a aceitar, mas a procurar responsabilidades;
- A capacidade de exercitar, em grau relativamente elevado, a imaginação, o talento e o espírito criativo na solução de problemas organizacionais, está distribuída, e não escassamente, entre as pessoas.

Como motivar os colaboradores usando McGregor?

- Vai depender de qual visão a organização adota.
- A visão Y pressupõe mecanismos de empoderamento, reconhecimento, flexibilidade e recompensas intrínsecas.
- A visão X defende a ideia de homo economicus, em que somente recompensas financeiras atreladas ao controle poderiam ter resultado.

De acordo com a visão contingencial, a melhor teoria de motivação depende do momento organizacional e das pessoas a serem motivadas.

8.6.1. TEORIAS DE CONTEXTO

As Teorias de Contexto são também chamadas de **Teorias Processuais da Motivação**.

Até o momento foi visto "o que é motivação", entretanto, nessas Teorias de Contexto o foco será em "como motivar as pessoas".

TEORIA DO REFORÇO (SKINNER)

A Teoria do Reforço foi proposta pelo teórico Skinner.

A ideia principal desta teoria é de que o reforço condiciona o comportamento, sendo que este é determinado por experiências negativas ou positivas, devendo o gerente estimular comportamentos desejáveis e desencorajar comportamentos não agradáveis.

> Parte da ideia de que a motivação é um comportamento.

Para aumentar a emissão de um comportamento é preciso reforçá-lo (dar ênfase e recompensa).

Termos o reforço positivo, reforço negativo, e a punição.

O reforço positivo dá-se de várias formas, tais como: premiações, promoções e até um simples elogio a um trabalho bem feito. São motivadores, visto que incentivam o alto desempenho.

O reforço negativo é capaz de fortalecer uma reação quando remove algum tipo de estímulo aversivo. Para uma pessoa sonolenta que aperta o botão que desliga o barulho do despertador, o cessar do barulho irritante é um reforço negativo. É interessante observar que, ao contrário do uso popular, o reforço negativo não tem caráter punitivo, pois ele representa a remoção de um evento punitivo. Como exemplo temos um funcionário que, devido ao bom desempenho, foi removido do trabalho cansativo de atendimento no balcão, e colocado para trabalho internamente.

Por outro lado, a punição é a apresentação de um castigo e, consequente, diminuição da possibilidade de o comportamento ocorrer novamente. [xviii]

Observação: obviamente que a punição não motiva o funcionário, apenas induz que ele adote uma prática positiva para a organização. Exemplo: através da punição é possível fazer com que um funcionário chegue no horário.

> Exemplo prático: no reforço positivo, o gestor oferece uma recompensa para obter um resultado desejado; no reforço negativo, ele retira algo ruim para obter um resultado desejado; na punição, ele faz algo "ruim" para coibir medida indesejadas.

TEORIA DA FIXAÇÃO DE METAS (LOCKE E LATAM)

A Teoria da Fixação de Metas, também chamada de **Teoria da Fixação de Objetivos**, pressupõe que as metas podem ser utilizadas para motivar o colaborador.

> Essa teoria é muitas vezes ligada apenas ao Edwin Locke; sendo assim, se a banca disser que o criador dessa Teoria foi Edwin Locke, esquecendo-se de mencionar o Latam, estará correta.

Segundo essa teoria, as metas que serão utilizadas para motivar os funcionários não serão qualquer uma. Deverão ser metas:

- Específicas;
- Difíceis, mas realistas;
- Aceitas pela pessoa;
- Usadas para avaliar a performance;
- Ligadas a feedback e recompensas;
- Estabelecidas por indivíduos ou grupos.

Termos-chaves para melhor memorização:

- ✓ A motivação das Pessoas está ligada ao alcance dos objetivos;
- ✓ Abordagem cognitiva (conhecimento)
  - ❖ Pressupõe um comportamento orientado a seus propósitos;
  - ❖ As **tarefas mais difíceis** motivam o homem;
- ✓ Lembre-se da A.P.O (Administração por Objetivos).

  - Essa teoria diverge do pensamento de outros teóricos, os quais afirmam que as metas limitam o homem. Depois que eles atingem a meta do mês (antes do mês terminar), eles relaxam e não fazem mais nada, pois a meta já foi cumprida. Indo mais além, os funcionários que trabalham por metas, muitas vezes não dão o melhor de si para não extrapolar muito a meta, pois temem que a chefia perceba que a meta mínima estabelecida está abaixo do que eles realmente conseguem produzir (aumentando mais ainda a meta mínima).

TEORIA DA EQUIDADE

A Teoria da Equidade, proposta pelo teórico Adams, foi baseada na teoria da Justiça Organizacional.

Tal teoria parte do pressuposto de que os colaboradores se sentem mais motivados quando percebem que existe uma justiça igualitária na distribuição dos benefícios entre os diversos indivíduos na organização. Ou seja, os funcionários se sentem desmotivados quando percebem que um (ou mais) colega de trabalho, o qual está no mesmo nível hierárquico dentro da organização (mesmo cargo, função, produtividade, tempo na empresa) ganha uma remuneração maior (ou benefícios a mais) do que os demais.

- Outro exemplo: quando no meio do grupo de trabalho existem funcionários que não trabalham corretamente, realizam atividades paralelas ao serviço (navegam na internet), para no final do dia o patrão elogiar todo o grupo. Oras, aqueles que se dedicaram mais se sentirão desmotivados pelo baixo reconhecimento de seus esforços.

TEORIA DA EXPECTATIVA (VICTOR VROOM)

A teoria da expectativa ou da expectância, criada pelo teórico Victor Vroom, está baseada em três conceitos subjacentes: Valência, Instrumentalidade e Expectativa.

> Essa teoria também é chamada de Teoria Contingencial de Motivação.

Resumidamente, ela defende que o processo de motivação deve ser explicado em função dos objetivos e das opções de cada indivíduo e das expectativas de atingir esses mesmos objetivos, contrariamente às teorias das necessidades de Maslow e Herzberg, uma vez que estas não levam em consideração as diferenças individuais.

Valência: é a medida da atração que um determinado resultado exerce sobre um indivíduo; a satisfação que ele prevê receber de um determinado resultado. Por exemplo, não adianta a empresa oferecer um bônus de "vale cultura" para todos os funcionários indistintamente, pois alguns funcionários não serão atraídos por essa recompensa (alguns vão preferir um bônus em dinheiro, ou uma placa grande na parede de "funcionário exemplar", ou uma publicação positiva na página inicial da empresa).

Instrumentalidade: a convicção de um indivíduo acerca da relação entre executar uma ação e experimentar um resultado. É saber que um resultado levará a uma recompensa. É ter a certeza de que a empresa cumprirá com a palavra, que basta conseguir aquele resultado que conseguirá a recompensa sugerida; ou seja, que não haja uma "pegadinha do malandro", certos benefícios, quando o funcionário realmente consegue, não são exatamente como prometido (havia aquelas pequenas letrinhas no meio do contrato).

Expectativa: convicções relativas ao vínculo entre fazer um esforço e realmente desempenhá-lo bem. É saber que um esforço levará a um resultado positivo. O comportamento do indivíduo é afetado não só por suas preferências entre esses resultados, mas também pelo grau em que ele acredita que eles são prováveis.

> Exemplo prático:
>
> O patrão faz uma reunião e anuncia que dará um excelente bônus mensalmente a todos os funcionários que conseguirem cumprir a meta de vender R$ 500.000,00 em produtos no mês.

Ao final da reunião, o funcionário sabe qual será o excelente bônus (Valência), e sabe também que é preciso vender R$ 500,000,00 em produtos até o final de cada mês (Instrumentalidade), e que, com base em anos de trabalho, tem a certeza de que, se trabalhar 8 horas todos os dias, conseguirá cumprir (Expectativa); pronto, a união dos 3 requisitos foram perfeitas, sendo assim, o funcionário está super Motivado com bônus que passará a receber.

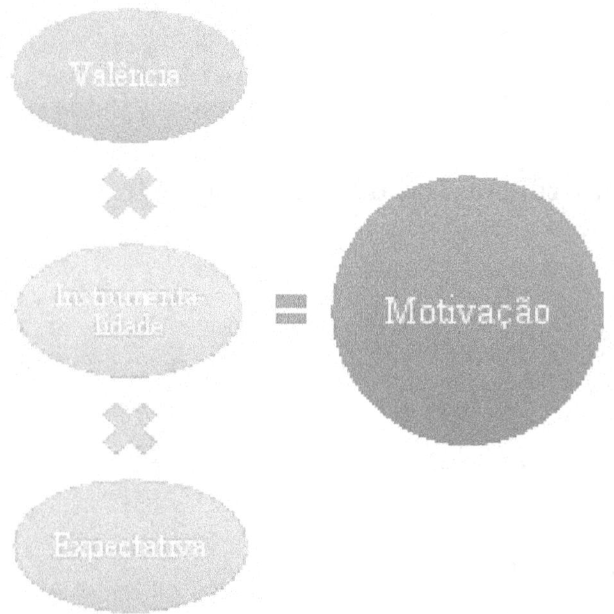

Valência x Instrumentalidade x Expectativa = Motivação

Essa teoria tenta explicar os determinantes das atitudes e dos comportamentos no local de trabalho. É especificamente estabelecido que a motivação depende então:

- Do atrativo (**valência**) de certas recompensas ou "resultados" que advêm de tal desempenho;

- Das percepções que se tem da força que apresenta a relação entre o desempenho e a ocorrência dos "resultados" (**instrumentalidade**);

- Da percepção do vínculo que existe entre o esforço orientado para o desempenho e o subsequente desempenho efetivo (**expectativa**).

O que é possível concluir dessa teoria?

- É possível concluir que a motivação depende do valor que o indivíduo atribui a recompensa;

- Essa teoria evoca a obrigação de que os indivíduos sejam treinados, para que se aumente a expectativa e impacte a motivação;

- Uma mesma recompensa pode ter valor motivador para um indivíduo e para outro não, logo: motivação é um processo individual.

8.7. AVALIAÇÃO DE DESEMPENHO

• Contexto

✓ Anos 90 (NAP)

✓ Gerencialismo

✓ Foco em Resultados

✓ Controle à posteriori

Gestão por competências (input) → avaliação de desempenho funcional (output)

✓ São indissociáveis

• Comissão de Avaliação

✓ Paritária

✓ Bipartite

✓ 1 - Concepção

✓ 2 - Implementação

✓ 3 – Aplicação

• Escola de Chefes

✓ Chefia Mediata

✓ Chefia Imediata → realiza a avaliação de desempenho

✓ Funcionário

• Desvios na AD

✓ Efeito Halo

✓ Efeito PartiPris → Questões anteriores ou posteriores

✓ Efeito Moral

✓ Efeito Ponto Cego → novos cargos

✓ Efeito Viés de Seleção → onerosidade em uma competência que não foi cobrado inicialmente

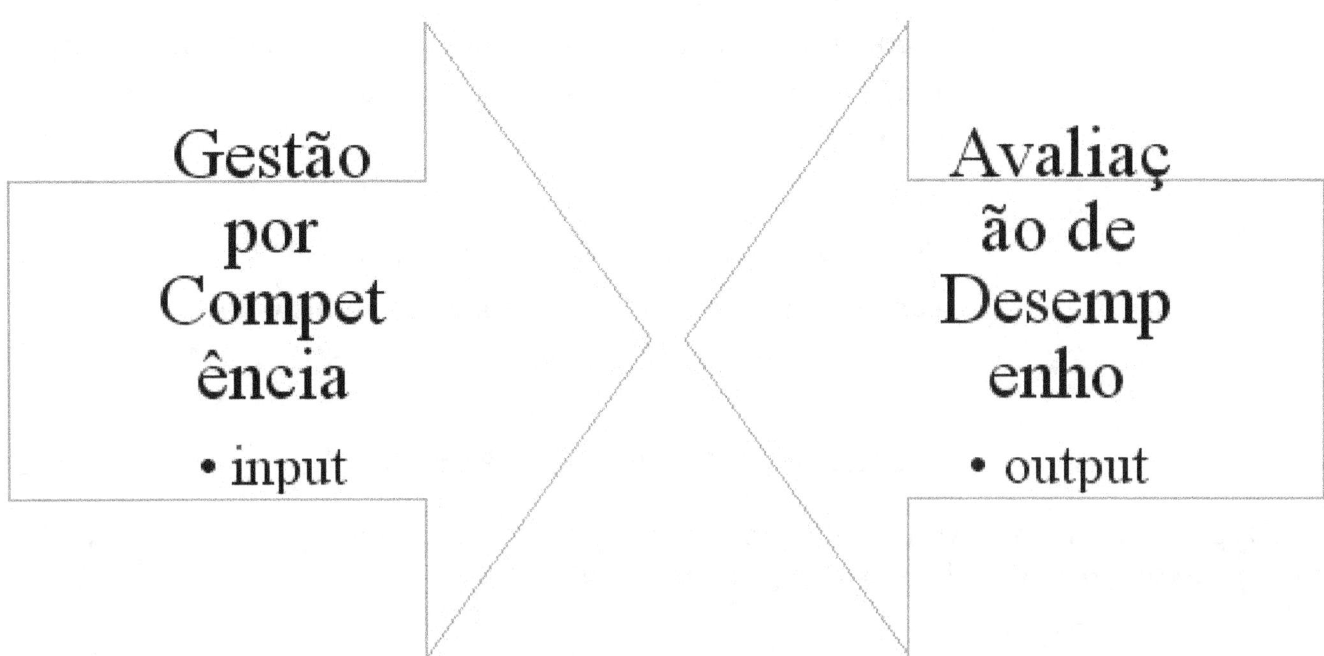

É um ciclo e estão inter-relacionados.

- Objetivos
    - Funcional
    - Integração
    - Cultura/Clima
    - Logístico
    - Externo

- Tipos de Avaliações
    - Escolha forçada → 2 opções
    - Escala Gráfica → ruim – médio – bom – muito bom
    - Avaliação 360º → Vertical e Horizontal
    - Avaliação 180º → Apenas Vertical (Funcional – é a mais comum no serviço público)
    - Auto avaliação

    -

IMPORTANTES PARA A PROVA:

- 360º (todos se avaliação, inclusive auto avaliação)
- Pesquisa de Clima (Coletivo)

- Escolha Forçada (Nos dias atuais, é considerada Imoral, basta utilizar uma comparação drástica que terá uma escolha forçada não reflete a realidade)
- Perspectiva Paramétrica (pontuação, numeração)
- Escolhas Críticas (situações extremas, limites)
- Funcional (essa é a avaliação vinculada ao **Output**)
  - Sempre TOP/DOWN

CAPITAL HUMANO E TALENTOS

O capital humano está atrelado à competitividade e sucesso que uma organização pode alcançar e ele é composto de *dois aspectos principais*: *talentos e contexto*.

- Talentos
- ✓ Conhecimento
- ✓ Habilidade
- ✓ Competência
- Contexto
- ✓ Ambiente Interno → Crescimento e desenvolvimento

No que se refere a talentos, eles são definidos por Chiavenato (2004) como conhecimentos, habilidades e competências constantemente reforçados, atualizados e recompensados. Dessa forma, o talento humano deve ser valorizado e reconhecido, dando a ele liberdade e autonomia para se desenvolver, nunca se esquecendo do que Ulrich (2004) afirma: o intelecto claramente reside nos cérebros dos profissionais, logo a empresa deve estimular o desenvolvimento desse talento intelectual e único, para assim obter vantagem competitiva no mercado.

Em se tratando do contexto, este deve ser entendido como o ambiente interno onde deve ser proporcionado o crescimento e o desenvolvimento dos talentos. E segundo Chiavenato (2004), há três aspectos em relação ao contexto: o Desenho Organizacional, que deve ser flexível, proporcionando assim uma integração dos processos e das atividades organizacionais; a Cultura Organizacional, sendo democrática e participativa, proporcionando espírito de equipe e confiança; e, ainda, um Estilo de Gestão especial, com base na liderança renovadora e coaching, descentralizada e com delegação de poder.

Entende-se, portanto, que o capital humano possui habilidades únicas, que devem ser estimuladas pelas organizações, investindo-se no ambiente em que esse capital se encontra, para assim alcançar seu apogeu.

8.8. EQUILÍBRIO ORGANIZACIONAL

CONCEITOS BÁSICOS

Incentivos ou alicientes: são os "pagamentos" que a organização faz aos seus participantes (p. ex.: salários, benefícios, prêmios de produção, elogios, promoções, reconhecimento etc.)

Utilidade dos incentivos: cada incentivo possui determinado valor de utilidade que varia de um indivíduo para outro.

Contribuições: são os "pagamentos" que cada participante efetua à organização (p. ex.: trabalho, dedicação, esforço, assiduidade, pontualidade, lealdade, reconhecimento etc.)

Utilidade das contribuições: é o valor que o esforço de cada indivíduo tem para a organização, a fim de que esta alcance seus objetivos.

POSTULADOS BÁSICOS

Uma organização é um sistema de comportamentos sociais inter-relacionados de numerosas pessoas, que são os participantes da organização.

Cada participante e cada grupo de participantes recebe incentivos (recompensas) em troca dos quais faz contribuições à organização.

Todo o participante manterá sua participação na organização enquanto os incentivos que lhe são oferecidos forem iguais ou maiores do que as contribuições que lhe são exigidas.

As contribuições trazidas pelos vários grupos de participantes constituem a fonte na qual a organização se supre e se alimenta dos incentivos que oferece aos participantes.

A organização continuará existindo somente enquanto as contribuições forem suficientes para proporcionar incentivos em qualidade bastante para induzirem os participantes à prestação de contribuições.

8.9. SEIS PROCESSOS BÁSICOS DA GESTÃO DE PESSOAS

- *Mnemônico: DRAMAM*

✓ Agregar
- ❖ 1º Recrutamento → Atração
- ❖ 2º Seleção → escolher

✓ Aplicar
- ❖ Desenho de Cargo
  - Descrição de Cargo → Fatores Intrínsecos
    - ◦ Atividades
  - Análise de Cargo → Fatores Extrínsecos
    - ◦ Requisitos físicos e mentais
    - ◦ Nível de Escolaridade
    - ◦ CHA
- ❖ Avaliação de Desempenho

✓ Recompensar
- ❖ Recompensas
- ❖ Benefícios
- ❖ Serviços

✓ Desenvolver
- ❖ Treinamento e Desenvolvimento
- ❖ Aprendizagem
- ❖ Gestão de conhecimento

✓ Manter
- ❖ Relações com empregados
- ❖ Higiene e Segurança
- ❖ Qualidade de Vida no Trabalho

✓ Monitorar
- ❖ Banco de dados
- ❖ Sistema de Informação Gerencial

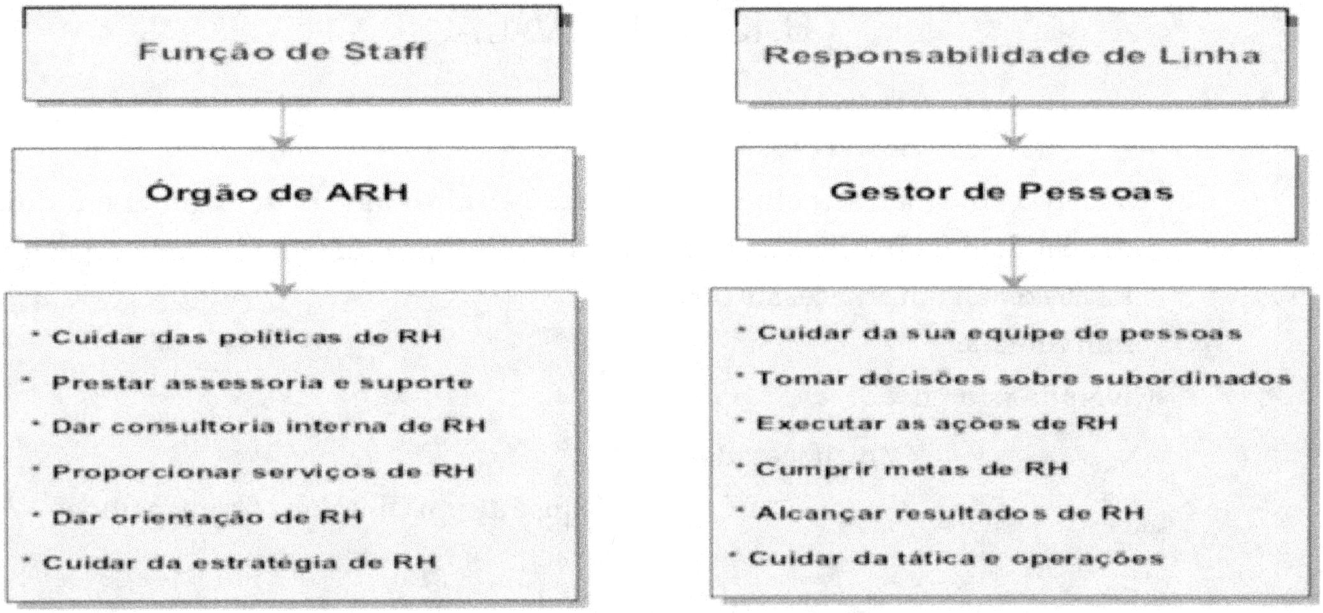

Função de Staff

↓

Órgão de ARH

↓

* Cuidar das políticas de RH
* Prestar assessoria e suporte
* Dar consultoria interna de RH
* Proporcionar serviços de RH
* Dar orientação de RH
* Cuidar da estratégia de RH

Responsabilidade de Linha

↓

Gestor de Pessoas

↓

* Cuidar da sua equipe de pessoas
* Tomar decisões sobre subordinados
* Executar as ações de RH
* Cumprir metas de RH
* Alcançar resultados de RH
* Cuidar da tática e operações

8.10. MOTIVAÇÃO

- **Motivação:**

✓ Motivação define-se pelo desejo de exercer **altos níveis de esforço** em direção a determinados objetivos, organizacionais ou não, condicionados pela capacidade de satisfazer algumas **necessidades individuais.**

✓ Níveis de esforço:

- Multifacetada:
  - Alcance de um Objetivo Organizacional
  - Necessidade Individual

- ❖ Elevação do Esforço → Motivação
- ❖ Igualdade → **Equilíbrio Interno**
- ❖ Redução do Esforço → Desmotivação

- Ciclo Motivacional → segue nesta ordem, e **se repete**.

✓ Equilíbrio Interno

✓ Estímulo ou Incentivo

✓ Necessidade

✓ Tensão

✓ Comportamento ou Ação → Barreira

✓ Satisfação → Frustração ou Satisfação por outros motivos que não eram as necessidades iniciais

- ❖ Ex.: Ser Auditor da Receita, mas passa para Auditor do TCU e fica satisfeito da mesma forma.

- Tipos de motivação

✓ Intrínseca → interna

- ❖ Recompensa psicológica

✓ Extrínseca → externa

- ❖ Recompensa tangível/material

- Teorias motivacionais (Isso é apenas uma visão geral; entretanto, cada uma delas será abordada detalhadamente mais à frente)

- ✓ Conteúdo → O que me motiva? – As necessidades.
  - ❖ Maslow → *Ligado a Necessidades*
    - Hierarquia das necessidades → pirâmide
  - ❖ Alderfer → *Ligado a Necessidades*
    - Teoria ERC → pegou a teoria de Maslow, que eram 5 necessidades, e transformou em 3 necessidades
  - ❖ Mcclelland → *Ligado a Necessidades*
    - Necessidades adquiridas
  - ❖ McGregor → *Ligado a um Ambiente de Trabalho*
    - Teoria X e Y
  - ❖ Herzberg → *Ligado a um Ambiente de Trabalho*
    - Teoria dos dois fatores
- ✓ Processo → O que gera motivação? – Esforço, Desempenho, ou Recompensa (Alcance de Resultado)
  - ❖ Vroom
    - Teoria da Expectativa
  - ❖ Skinner
    - Teoria do Reforço
  - ❖ Stacy Adams
    - Teoria da Equidade
  - ❖ Bandura
    - Teoria da auto-eficácia
      - ○ Gera motivação para a realização das tarefas
  - ❖ Locke
    - Teoria da definição de objetivos

8.10.1. TEORIAS DE CONTEÚDO

1 – TEORIA DA HIERARQUIA DAS NECESSIDADES – MASLOW

✓ *5 - Autorrealização*
- ❖ *Necessidade Secundária*
- ❖ *Fatores Intrínsecos*

✓ *4 - Estima*
- ❖ *Necessidade Secundária*
- ❖ *Fatores Intrínsecos*

✓ *3 - Social*
- ❖ *Necessidade Secundária*
- ❖ *Fatores Extrínsecos*

✓ *2 - Segurança*
- ❖ **Necessidade Primária**
- ❖ Fatores Extrínsecos

✓ *1 - Psicológicas*
- ❖ **Necessidade Primária**
- ❖ Fatores Extrínsecos

2 – TEORIA ERC (OU ERG) – CLAYTON ALDERFER

✓ Crescimento
- ❖ Autorrealização

✓ Relacionamento
- ❖ Social + estima

✓ Existência
- ❖ Fisiológica + Segurança

3 – TEORIA DAS NECESSIDADES ADQUIRIDAS – DAVID MCCLELLAND

✓ Necessidade de Realização
- ❖ Competir

✓ Necessidade de Poder

- ❖ Exercer Influência
  - • Liderança
- ✓ Necessidade de Afiliação
  - ❖ Relacionar → Pessoas

4 – TEORIA DOS DOIS FATORES → HERZBERG

- ✓ Fatores motivacionais *(ligado ao conteúdo do cargo)* → *satisfação* (Fatores **Intrínsecos)**
  - • Trabalho em si
  - • Realização
  - • Reconhecimento
  - • Progresso
  - • Mais Responsabilidade
  - ❖ Qualquer fator que venha a ser alterado dentro dos **fatores motivacionais**, em nada (em nenhuma situação, em nenhuma doutrina) leva aos fatores **higiênicos**!
- ✓ Fatores Higiênicos *(ligado ao ambiente de trabalho)* → *insatisfação* (Fatores **Extrínsecos**)
  - • Condições de trabalho (ar-condicionado)
  - • Administração da empresa
  - • Salário (altos salários, não gerará insatisfação, mas também não gerará satisfação)
  - • Relações com o superior
  - • Benefícios e
  - ❖ Qualquer fator que venha a ser alterado dentro dos **fatores higiênicos**, em nada (em nenhuma situação, em nenhuma doutrina) leva aos fatores **motivacionais**!

5 – TEORIA X E Y – MCGREGOR

- ✓ Teoria X (estilo autocrático)
  - ❖ As pessoas são preguiçosas e indolentes
  - ❖ Evitam o trabalho
  - ❖ Evitam a responsabilidade
  - ❖ Precisam ser controladas e dirigidas
- ✓ Teoria Y (estilo democrático)

❖ O trabalho é uma atividade tão natural como brincar

❖ As pessoas são esforçadas e gostam de ter o que fazer

❖ Procuram e aceitam responsabilidades

❖ São motivadas e autodirigidas

8.10.2.   TEORIA DE PROCESSOS

1 – TEORIA DA EXPECTATIVA/EXPECTÂNCIA → VROOM

- ✓ Expectância (Motivação) → esforço (Metas pessoais)
- ✓ Instrumentalidade (Motivação) → desempenho (Metas pessoais)
- ✓ Valência (Motivação) → Recompensa (Metas pessoais)

2 – TEORIA DO REFORÇO → SKINNER

- ✓ Comportamento
  - ❖ Desejável
    - • Reforço Positivo
      - ◦ Recompensas
    - • Reforço Negativo
      - ◦ Retira algo que era ruim para a pessoa
  - ❖ Indesejável
    - • Punição
      - ◦ Aplica medida negativa
    - • Extinção
      - ◦ Retira algo que era bom

3 – Teoria da Equidade → Stacy Adams

- ✓ Equidade
  - ❖ Esforço igual
    - • Recompensa igual
- ✓ Inequidade (Iniquidade)
  - ❖ Esforço igual
    - • Recompensa Diferentes (+ -)

4 – TEORIA DA AUTO-EFICÁCIA → BANDURA

- ✓ Auto-eficácia
  - ❖ Variação
    - • Alta auto-eficácia

- ○ Tarefas (positivas) → Motivadas
- Baixa auto-eficácia
  - ○ Tarefas (negativas) → Não motivadas

5 – TEORIA DA DEFINIÇÃO DE OBJETIVOS (OU TEORIA DO ESTABELECIMENTO DE METAS) → EDWIN LOCKE

- ✓ Motivação das Pessoas → Ligada à busca de alcance de objetivos
- ✓ Abordagem cognitiva (conhecimento) → comportamento → orientado para seus propósitos
  - ❖ Tarefas mais difíceis motivam o homem
- ✓ A.P.O → Administração por Objetivos

8.11. LIDERANÇA

SEGUNDO DEFINIÇÕES DE AUTORES DIVERSOS, LIDERANÇA É:

DICAS	
AUTOR	**CONCEITO**
(ROUCH & BEHLING, 1984).	*Processo de influenciar as atividades de um grupo organizado na direção de um objetivo.*
(O monge e o executivo. James C. Hunter).	*É a habilidade de influenciar pessoas para trabalharem entusiasticamente visando a atingir aos objetivos identificados como sendo para bem comum.*
(HERSEY e BLANCHARD).	*É o processo de exercer influência sobre um indivíduo ou um grupo, nos esforços para realização de um objetivo, em determinada situação.*
(CHIAVENATO, 2006).	*É um fenômeno tipicamente social que ocorre exclusivamente em grupos sociais e nas organizações. A liderança é exercida como uma influência interpessoal em uma dada situação e dirigida através do processo de comunicação humana para a consecução de um ou mais objetivos específicos.*
(ROBBINS, 2005).	*É a capacidade de influenciar um grupo em direção ao alcance de objetivos.*
(MAXIMIANO, 2007).	*Liderança é a realização de metas por meio da direção de colaboradores.*

DIFERENÇA ENTRE GERENTE E LÍDER

Gerente

- ✓ Possui um cargo → diante de uma estrutura + organograma (hierarquia)
- ✓ Liderança forma
- ✓ Curto prazo
- ✓ Exerce o controle
- ✓ Aceita e mantém o status quo (mantém o estado atual)

Líder

- ✓ Visto através do Poder de Influenciar

✓ Liderança informal

✓ Longo prazo

✓ Inspira confiança

✓ Desafia o status quo (desafia o estado atual)

Bennis (1996), in Calvacanti et al., esquematiza diferenças entre gerente e líder no seguinte quadro:

Gerente	Líder
Administra.	Inova.
Prioriza sistemas e estruturas.	Prioriza as pessoas.
Tem uma visão de curto prazo.	Tem perspectiva de futuro.
Pergunta *como* e *quando*.	Pergunta *o que* e *por quê*.
Atributo singular.	Múltiplos atributos.
Exerce o controle.	Inspira confiança.
Aceita e mantém o *status quo*.	Desafia o *status quo*.
É o clássico bom soldado.	É a própria pessoa.
Faz do jeito certo as coisas (é eficiente).	Faz coisa certa (é eficaz).

TIPOS DE PODER DO LÍDER

1) **Poder de recompensa:** é o poder de dar alguma recompensa por determinado tipo de comportamento ou meta atingida, servindo como reforço.

2) **Poder legítimo:** é o poder inerente ao cargo ou função na estrutura organizacional.

3) **Poder coercitivo e punitivo:** representa a possibilidade de agir coercitivamente na aplicação de punições, visando eliminar, reduzir ou controlar comportamentos e atitudes indesejados pela organização.

4) **Poder de especialização/perito/competência:** quando o líder possui algum tipo de especialização para o trabalho, por meio de experiências, conhecimento, talento, etc., essa especialização serve como mecanismo de poder dentro da organização em relação aos liderados.

5) **Poder de referência:** é um tipo de poder que está diretamente associado ao fato de determinada pessoa (o líder) ser tido como referência em algum assunto. É a legitimidade do conhecimento detido por uma pessoa e é também associado ao carisma pessoal do líder, afeição e respeito por suas opiniões.

6) **Poder de informação:** trata-se do poder que se pode exercer por deter informações que orientem processos decisórios, escolhas e que ajudem a organização em determinadas situações. Para que haja esse poder, a informação detida pelo líder tem que ser pouco ou nada conhecida.

> O líder pode ter um ou mais desses poderes.

Modelo de GPC Incluindo as Práticas de Gestão de Pessoas

Por se tratar de um processo contínuo, o alinhamento das práticas de Gestão de Pessoas ao modelo de Gestão por Competências, de acordo com Brandão e Guimarães (2001), observe o seguinte fluxo:

- ✓ Formulação estratégica: formulação da estratégia da organização, oportunidade em que são
definidos sua missão, sua visão de futuro e seus objetivos estratégicos.

- ✓ Mapeamento de competências: diagnóstico ou mapeamento das competências, ou seja, identifica-se o *gap*, ou lacuna, existente entre as competências necessárias ao alcance do desempenho
esperado e as competências já disponíveis na organização.

- ✓ Captação de competências: realiza-se a captação de competências por meio de planejamento
de ações de recrutamento, seleção e desenvolvimento de competências por meio de ações de capacitação que permitam à organização minimizar os *gaps* de competência.

- ✓ Acompanhamento e avaliação: avaliação de desempenho para apurar os resultados alcançados.

- ✓ Retribuição: que envolve reconhecer e premiar o bom desempenho e remuneração por competências, promovendo e remunerando adequadamente os funcionários, de acordo com o desempenho apresentado.

Gestão por Competências no Setor Público

Segundo Brandão e Guimarães (1999), cabe uma distinção entre Gestão por Competências e Gestão de Competências. A primeira se refere à estruturação das atividades das áreas e das equipes da organização de acordo com os tipos de competências necessárias para realizá-las. A segunda se refere ao conjunto de mecanismos utilizados para gerir as competências, incluindo o planejamento, a organização, a avaliação e a escolha das formas de desenvolvimento de competências necessárias ao alcance dos resultados pretendidos. No caso da Administração Pública Federal, o Decreto nº 5.707/2006, que institui a Política Nacional de Desenvolvimento de Pessoal (PNDP) adota a Gestão por Competências.

A Gestão por Competências, apesar de reunir várias qualidades, apresenta dificuldades para sua implementação na totalidade, no setor público. O gestor público atém-se a várias limitações legais que devem ser respeitadas, como a exigência de concurso público para a contratação de novos talentos.

ALGUMAS DIFICULDADES PARA A IMPLANTAÇÃO

DA GESTÃO POR COMPETÊNCIAS:

- As limitações tecnológicas e estruturais;

- O atual processo seletivo (concurso público) avalia a capacidade em termos de conteúdo; entretanto, a avaliação dos aspectos comportamentais dos servidores para o seu ingresso, fica prejudicada;

- A implementação da gestão por competência ainda é um grande desafio, uma vez que a cultura de gestão pública permanece, na maioria dos casos, voltada para cargos, e não para entregas;

- As instituições públicas têm a captação de novos talentos limitada legalmente por concurso público; a exceção corresponde aos cargos de confiança comissionados, em número bem menor que o dos servidores concursados;

- Enquanto as organizações privadas possuem inúmeros instrumentos para a melhor escolha, como entrevistas e dinâmicas de grupo, as públicas ficam restritas a esse instrumento legal, sob pena de serem questionadas judicialmente. No entanto, poderão valer-se de outros meios para melhor alocação do candidato aprovado;

- Existem restrições legais que também devem ser obedecidas para os desligamentos de servidores. Apesar de a legislação prever que os servidores podem ser demitidos por avaliação de desempenho insuficiente, essa ainda não é uma prática comum no setor público.

- Contudo, muitas das dificuldades têm sido superadas e não constituem entraves para que se atue, no setor público, por meio de outras fontes legais, tais como os Decretos nº 5.707/2006 e 7.133/2010, respectivamente Política e Diretrizes para o Desenvolvimento de Pessoal da Administração Pública Federal e Avaliação de Desempenho Individual. Atualmente, é possível realizar concursos públicos com áreas específicas de atuação, avaliação do perfil comportamental dos aprovados para sua melhor alocação, ações de desenvolvimento profissional, promovendo educação contínua, e não apenas treinamentos pontuais – a educação ampla das pessoas é fundamental nesse contexto, englobando o desenvolvimento delas, com foco em suas carreiras e não apenas no treinamento para as funções do cargo atual.

- As organizações públicas têm implementado avaliações de desempenho atreladas a gratificações de desempenho. Os resultados obtidos nas avaliações de desempenho são convertidos em valores financeiros de gratificações que caracterizam remunerações variáveis.

9.   CONTATO

rroliverlivros@gmail.com

10. REFERÊNCIAS

[1] adminconcursos.com.br /reformas administrativas no brasil

[2] Administração Geral e Pública - Chiavenato

[3] Prof. Heron Lemos - Estudo Dirigido para UFC – Vol. 03 (Adm. Geral)

[4] Prof. Heron Lemos - Estudo Dirigido para UFC - Vol.03

[5] CHIAVENATO (2009, P. 357)

[6] Fonte: https://www.knowledgehut.com/blog/agile/pmo-as-a-mentor-facilitator-and-controller-for-successful-projects

[7] Fonte: Chiavenato, Idalberto. Gestão de Pessoas. Elsevier, 2010. e colega Reinaldo

[8] Fonte: Ribas e Duran. Gestão de Pessoas nas Organizações

[9]**Output** (saída) – A Saída ou Output versa-se do produto final depois de concluído o processo de transformação, este por sua vez já pronto para ser fornecido ao consumidor.

---

[i] Lemos, Heron, 2018

[ii] Lemos, Heron, 2018; Rennó, Rodrigo — Administração Geral para Concursos, 2016

[iii] Fonte da imagem: Site Ford Motor Company

[iv] Journal of Advanced Techniques in Biology.

[v] Idalberto Chiavenato - Administração Geral e Pública - para provas e concursos - 3º Ed. - 2012.

[vi] Com base em Souza e Araújo (2003), Abrucio e Pó (2002)

[vii] Barbosa, Rafael 2016

[viii] Ministério do Planejamento, 2007, p. 8

[ix] Ferreira Cassiolato, Gonzalez, 2007

[x] Lemos, Heron, 2018

[xi] Rennó, Rodrigo, 2016

[xii] Adriel Sá, 2018

[xiii] Andreia Ribas, 2012

[xiv] Andreia Ribas e Cassiano Salim. Gestão de Pessoas para Concursos. 4ª edição. Editora Alumnos, 2016.

[xv] Brasil SFE - Blog

[xvi] https://euquerosabertudo.com/ saúde/

[xvii] https://administradores.com.br/ artigos/

[xviii] Transcrições do livro da Andreia Ribas, 2012